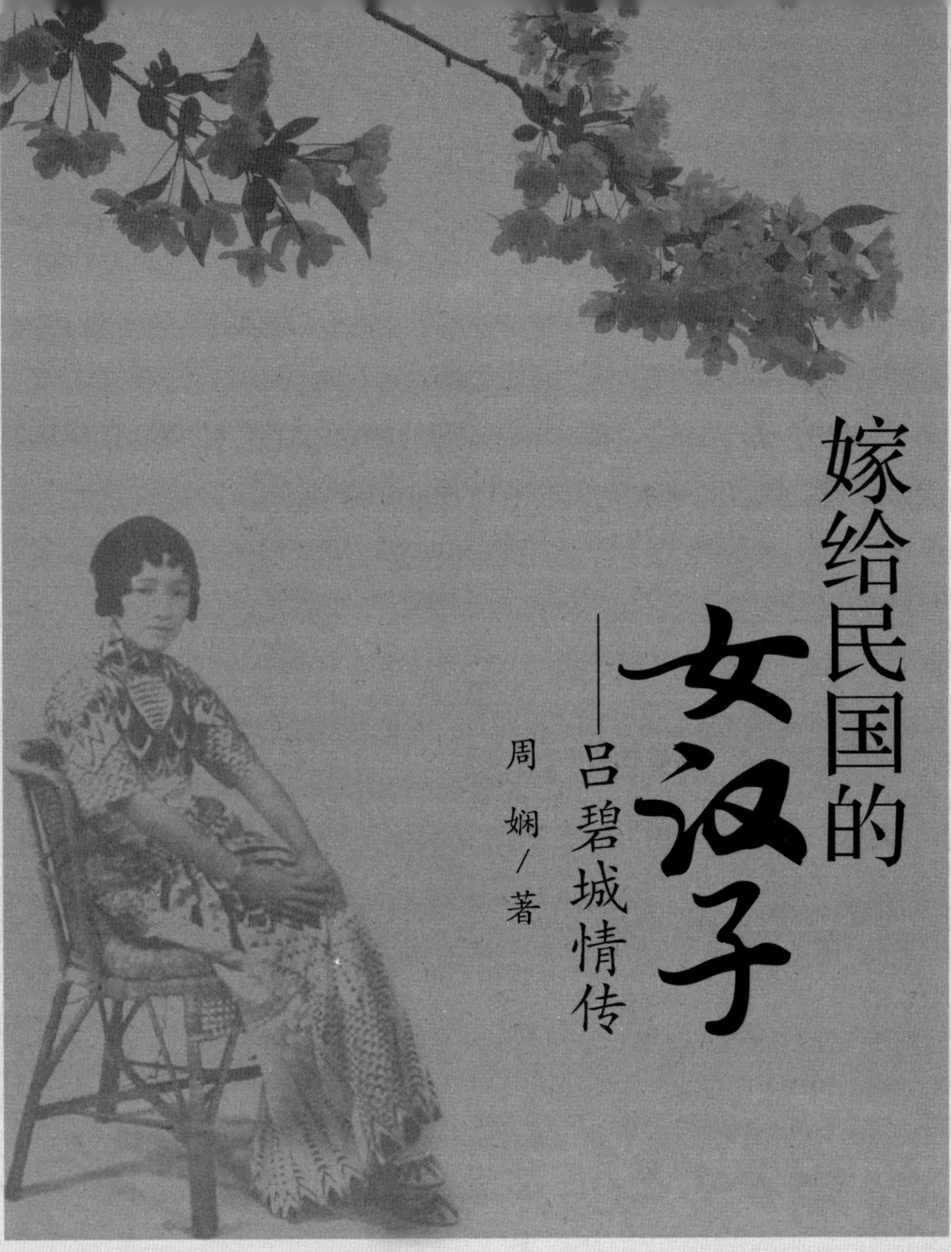

嫁给民国的女汉子

——吕碧城情传

周娴/著

人民东方出版传媒
東方出版社

图书在版编目（CIP）数据

嫁给民国的女汉子：吕碧城情传/周娴著. —北京：东方出版社，2014
ISBN 978－7－5060－7325－7

Ⅰ. ①嫁… Ⅱ. ①周… Ⅲ. ①吕碧城（1884～1943）－传记 Ⅳ. ①K825. 6

中国版本图书馆 CIP 数据核字（2014）第 042258 号

嫁给民国的女汉子：吕碧城情传

（JIAGEI MINGUO DE NVHANZI：LV BICHENG QINGZHUAN）

周 娴 著

责任编辑：王 欣
出　　版：東方出版社
发　　行：人民东方出版传媒有限公司
地　　址：北京市东城区朝阳门内大街 192 号
邮政编码：100010
印　　刷：三河市金泰源印装厂
版　　次：2014 年 4 月第 1 版
印　　次：2014 年 4 月北京第 1 次印刷
开　　本：710 毫米×1000 毫米 1/16
印　　张：14. 25
字　　数：196 千字
书　　号：ISBN 978－7－5060－7325－7
定　　价：30. 00 元
发行电话：（010）65210059 65210060 65210062 65210063

目 录

自序
一个人的红尘

一轮弯月，满天繁星。午夜的星空洒满了寂寞与相思，习惯了一个人独赏那轮清月，习惯了一个人在窗前听风。惨淡的月色像一道银帘挂满了愁绪，风由哪里来，又向哪里吹去。人生很多时候，守着孤寂，瘦了容颜。就如这清风，鼓足了劲头，却不知道下一个落脚点会是何方。有一位风姿绰约的女子，如明月般恬静，如清风样明朗。她不知道风的去向，但她知道风有风的港湾，不会因为某种依恋而改变行走的姿势，也绝不会因为某种势力而转变自己的方向。

这位女子就是民国时期颇有声望的才女——吕碧城，也是中国近三百年来最后一位女词人。她清高孤傲一生，曾被许多男子爱慕，却独守一世的清白。她如出落凡尘的仙子，有绝色的容颜，有斐然的才华，是许多男子梦中念想的女子，被英敛之思恋一世，被费树蔚守候一生。曾经，有许多人认为她不值，以她的容貌，以她的才华，以她的财富，以她的声望，她可以安然潇洒地行走于世间，尽享天伦之乐。而她最终偏偏选择了一条幽静小路，在寂寞红尘里，缟衣素食，与青灯相伴至老。

我们总以为，所有的寂寥都不会长远，如春风吹过堤岸，带走零落，换

来新绿。总有一片云会给你带来阴凉，总有一朵花为你绽放，总有一个身影让你回眸，总有一种眼神让你迷恋。然而，人生的羁绊，让你不得不学会忘记，前尘往事如风吹散，今世相思成疾。既然错过了春天的花，何须迷恋秋天的月。所有的风景都不过是一场烟花往事，如果孤独能让人更加超然，我们何妨惧怕孑然一生。

人们常说，女子之所以会独步红尘，是因为性情太过桀骜，容易被人遗忘。然而，身处富贵勘破繁华的那颗凄然之心，有谁能解？择一城终老，遇一人白首，这几乎是所有女子的追求。而冥冥之中，总有一双无形的手主宰着众生的悲欢离合。是谁让一个充满朝气的女子写尽苍凉，是谁让一个灵气逼人的女子性情寡淡？是时局，是人生，还是那许多的思索？民国是一个充满传奇色彩的年代，才女辈出。然而红颜薄命，许多才子佳人的故事都悱恻缠绵，最终不得圆满。如果所有的爱，都逃不过红尘劫难的命运。高处不胜寒，也许是对爱的另一种诠释。

人，只要生于红尘，总会有一场风花雪月的往事。午夜微凉，我想起了那个如莲花般洁净的女子，在寂寞如水的夜晚，她是否也会为一些陈年往事夜不能寐。而那些曾经爱慕过她的男子，是否与她一样心性相通？我想应该是有的，时局造人，虽然那些看似浓烈的感情最终成了过眼烟云，似有迹可寻，但终究也不过是一场镜花水月的往事。爱很简单，可谁能轻易放下一切负累前行？

素暖薄凉，剪一段时光寄予风中。一朵花有多美，亦知那段情有多灿烂。一段情有多凄凉，方知相思的债有多深。我们能读懂时光，却读不懂彼此。有些爱，注定会被潮水湮灭。有些爱，注定搁置于岸边，不得前行。只有那些经历过潮起潮落、至死不渝的爱情，方能安然落下帷幕。不是我们经不住考验，而是时间太过牵强，来不及悠然转身，你已经消失在红尘的最深处。

有人说，吕碧城对待感情太过谨慎，所以很难体会到那种怦然心动的感觉。我想，不是她没有读懂红尘，而是她不敢轻易给予，有些话，一旦说出口就是一诺千金。

人这一生有许多的情感，而爱情相对是比较短暂的。有多少人能让彼此念叨一生，有多少爱不是在厌倦后遗弃。许多时候，对待过往的情感仍旧忍不住扪心自问，如果一切还来得及，你会爱他吗？有多少人能回答得斩钉截铁？有时候，我们怀念从前，是怀念那段影子，怀念那些心跳耳热的情话，怀念一些不甘。一段情真正地落入凡尘需要多大的勇气与决断，那些剪不断理还乱的情事，曾经颠覆了多少爱的期许。世上有多少痴男怨女，就有多少儿女情长。

曾经，有一位佛门大师告诉吕碧城，人今世所有的苦，都是还前世所欠的债，爱情、亲情、友情皆如此。如果尘世的债务皆是如此轮回，有多少人愿意拿出一世的时间来偿还。如果所有的爱都是曾经的相欠，还不如真的两相遗忘，独享一世清欢。一个人的红尘，虽然多了一些落寞，但那也是一个人的地老天荒。爱，就是一场修行，当一切都不得圆满，还不如保持最初的姿势，行走于荒原。

第一章

小荷才露尖尖角

——传奇闺秀遭逢世事冷暖

生于官宦世家，长于深闺大院。父亲的突然病逝，在这如花的年龄遭遇退婚、家变。与堂兄作斗争，向父亲的旧友求助。吕碧城像枝头的花蕊，迎风怒放，虽然青涩，但清新高雅。

1. 女儿如花

她经受了所有的磨难，然后又在磨难中绽放，像一朵莲花，清新脱俗地呈现在众人面前。因为她是如此的坚强，如此的清晰。她清晰生命的意义，她清晰萎靡只会让生活更加难堪。她逆袭而上，最终成为生活的强者，成为一代才女，成为中国近三百年来的最后一位女词人。

但凡女子来到尘世间，都会有一种童话般的理想。不管是童年还是青年，这理想如同宿命般会伴随人一生，与蝴蝶为伴，与秋千为邻。蝴蝶代表着花样年华，秋千代表的是从容的姿态，但是又有多少女子能这样优雅地度过此生？她们会不断被凡尘世事所惊扰，夏炎冬雪，春梦秋困，理想在现实面前逐渐凋零。蝴蝶飞不过沧海，只能禁锢在自己的城池里作茧自缚。秋千穿越不了云层，只能在爬满藤蔓的屋檐下顾盼生辉。

然而，当那片雨后藕塘里一枝粉粉嫩嫩的荷花，她以一种从容的姿态初吐新芽时，惊艳了四方。是的，她是在淤泥中茁壮出生的，她以一种傲然的姿态直视蓝天。她接受浊水的洗礼，冷月的夜露，日光的烘晒。她来了，她带来的是清爽，像晨露，像微风，像细雨，她滋润着周遭的环境，让一切有了生机。

1883 年，在山西太原，有一位如花似玉的女孩子降生了，她带着期盼，带着渴望，来到了尘世。

她就是吕碧城，原名吕贤锡，又名兰清，字遁夫，号圣因，祖籍安徽旌德。

在一个小荷才露尖尖角的夏日里，她来到尘世。六月，是一个让一切略显浮躁的季节，天是蓝的，草是绿的，空气却是闷热的。·仿佛一切都是上天注定，在这个炙热的季节里，吕碧城的到来给家人带来些许的凉爽。看见那个粉嘟嘟的小生命微睁着懵懂的双眼，父亲吕凤岐笑了。女儿是男人前世的情人，不用付出，就能得到男人全身心的呵护。像天下所有男人一样，吕凤岐看着怀里的孩子眼睛不曾眨一下，他用微笑告诉那个像荷花一样圣洁的女婴，他会做她最好的情人，陪伴她一生。

吕家姊妹众多，算上同父异母的两个哥哥，吕碧城在家排行老五。然而就是这样一个既不是老大，又不是老幺的女孩子，却最得吕凤岐怜爱。是吕碧城天性聪颖，还是她生来貌美如花，我们不得而知。每一个孩子都是父母身心合一后的杰作，而吕凤岐唯独对这个在家排行老五的女孩子多了一分偏爱。

樊增祥曾经是吕凤岐的好友，在见过吕家的众姊妹后，唯独对吕碧城印象最深，他曾经赋诗一首来赞美吕碧城的模样：“第三娇女玉卮娘，却去瑶池到下方。紫锦函中书一卷，明明翠水白莲香。”吕凤岐听到同僚这样赞美自己的女儿，自然欢心。在吕碧城很小的时候，吕凤岐常带她与朋友们品诗作画，让她在一旁观赏。耳熏目染，吕碧城不负父望，长大成人后，真的成为一代才貌双全的女子。

纵观古代有才有貌的女子，如吕碧城那样聪明伶俐，又豁达者甚少。《红楼梦》里金陵十二钗各有千秋，黛玉算是众粉黛里的一朵奇葩，多才又多情，还多愁多病身。生来遭人怜惜疼爱不说，还有凄凄可盼的爱情可以追求。而因为太过于依附他人，最终迷失在情感里，香消玉殒。曹雪芹用心打造的一代才女就这样消失，观书者无不为之惋惜，作者应是更加无奈。时局掌控着人生，挣不脱红尘的羁绊，只有被红尘湮灭。

在旧式婚姻里，感情是女人的全部。一个女人在情感上伤痕累累，要想恢复到从前的自信是何其之难。黛玉抑郁而终，宝玉落落寡欢。但是，吕碧城不是，她似乎由呱呱落地的那一刻起就知道，她是一个独立的个体。她经受了所有的磨难，然后又在磨难中绽放，像一朵莲花，清新脱俗地呈现在众人面前。因为她是如此的坚强，如此的清晰。她清晰生命的意义，她清晰萎靡只会让生活更加难堪。她逆袭而上，最终成为生活的强者，成为一代才女，成为中国近三百年来的最后一位女词人。她是所有女子的偶像，被世间男儿崇拜，却望尘莫及。

2. 官宦世家

她天然去雕琢，清水出芙蓉，她与生俱来的资本注定了不会与世俗为伍。清高、洒脱，宁可孤芳自赏，也不愿意与世俗同流。

吕碧城 1883 年 6 月出生，父亲吕凤岐时任山西学政，是光绪丁丑年间的进士。吕碧城的家族是徽商世家，其曾祖父和祖父分别在旌德三溪经营典当行和米行。吕碧城的父亲吕凤岐，则从科举出身，同治九年中举后，光绪三年又中丁丑科进士，选庶吉士，即所谓的翰林，历任国史馆协修、玉牒纂修、山西学政等职。对于吕碧城的到来，吕凤岐是充满期待的。在众多姊妹中，吕碧城也许不是外表最出众的，但她与生俱来的艺术天赋却无处不在。

幼年的吕碧城，穿着画罗裙，在早春中赏花拾翠。吕凤岐由书房出来，看着如诗如画的情景，随口说了一句诗文的上联：春风吹杨柳。正在一旁玩耍的吕碧城随口说出了下联：秋雨打梧桐。那一年她才四岁。吕凤岐惊喜的同时，对这个可爱的三女儿投来了赞许的目光。吕凤岐是爱才之人，那时他与任令德堂书院协讲的杨深秀结下情谊。藏有杨深秀赠他的一幅山水画作，在吕碧城年幼时，他常常将此画拿出来，让吕碧城临摹习学。而碧城不负父望，她临摹的字画惟妙惟肖，常常能赢得父亲的赞赏。

令德书院遗址（今并入山西大学）

褒奖是长辈鼓励晚辈成长的最好方式，它也许无法改变你目前的现状，但它能改变一个人的性情，培养人的自信与情操。特别是女孩子，心思细腻而敏感，对突然间获得的鼓励会觉得倍加欢心。吕凤岐国学底蕴深厚，同时又不因循守旧，思想开明。父亲的识见和胸襟，对小时候的吕碧城影响意义深远。虽是女儿身，但她因为极崇拜父亲，使得她从小就拥有了不同于一般人的志向和眼界。

在那个藏书世家里，吕碧城如饥似渴地博览群书。黛瓦白墙，深深庭院，锁不住幼小的碧城对自由天空的向往。池塘边、亭台楼榭、秋千架上，都有吕碧城娇小的捧书而读的身影。书是人类知识的源泉，是通往外面世界的一扇窗户。吕碧城自幼工诗文，善丹青，能治印，并娴音律，词尤著称于世。吕凤岐在六安的新宅和藏书室——长恩精舍，经过三年的经营终于落成，其中的藏书竟达三万卷之多。吕凤岐好书之名远扬，碧城沿袭了父亲好学的优良传统，每天沉浸在线装书世界里流连忘返。

但凡女子拥有了斐然的才情，又拥有了美丽的容颜，注定这一生比普通女子过得奔放充实。吕碧城就是这样一位女子，她用绚丽多彩的思想筑梦，用美丽的容颜赢得万般宠爱。她的外表无需太多胭脂的粉饰，衣着也无需华丽的装饰，一切都是自然天成。她天然去雕琢，清水出芙蓉，她与生俱来的资本注定了不会与世俗为伍。清高、洒脱，宁可孤芳自赏，也不愿意与世俗同流。世界是五彩斑斓的，她能看见阳光下的喝彩，也能看见阳光下的污垢。她慧眼顿开地目视着世界，不需要太多的点化，真、善、美在她眼里一目了然。书——开慧根，启智慧，让碧城看到另一片天空。

只要是女子，年轻时候的梦想大抵相似。在家人的庇护下成长，趁芳华正茂的时候，觅一位如意郎君相守百年。爱情不必那么热烈，优雅度过此生，然后善始善终。殊不知，天违人意，月有阴晴圆缺，人有悲欢离合，有多少男人愿意此生与一人相守？又有多少女子在灵魂深处没有逃匿的冲动？吕碧城是人，不是神仙，她也做梦。在情感世界里微波荡漾，期待着与梦中的白马王子不期而遇，来一场天长地久的旷世之恋。但她知道，爱情不是生活的全部，所有凡尘恩怨不过是南柯一梦。梦醒之时，皆为曲终人散。尘归尘，土归土，带不走冬天的雪、春天的花，唯有深邃灵魂深处的思想可以永垂不朽，纪念终身。

吕凤岐共有二子四女，二子为原配蒋氏所生，蒋氏去世后，续弦严氏，生四女，吕碧城排行第三。严氏生于书香门第，能诗会文，秉承家教，亲自课女，又兼吕凤岐藏书甚巨，有三万卷之多。因为吕凤岐爱才，严氏又耐心解读。所以吕家四姊妹自幼即耳濡目染于书香之中，除了小妹坤秀早逝，其他三人个个优秀。然而，老天爷总让人不得圆满。吕凤岐在碧城十二岁那年遭遇一场疾病，撒手人寰。母亲严士瑜是一个柔弱的女人，哪里可以独自支撑家庭的重担？吕凤岐的离去，带给了吕家四姊妹空前的浩劫。而吕碧城是众姊妹中承受最多的，父亲的离去，居然使她遭遇夫家退婚。

3. 家庭变故

我以为每一种生命来到尘世间，都是肩负使命的。活着是一种状态，活出精彩才是无悔的人生。男人不会为一棵树而失去整个森林，女人当然应该不会为一簇花而失去整个春天。只有两性平等的约定，才可以换来两情相悦的境界。

婚姻是前世的约，今世的缘。我相信尘世里的因果循环，也相信缘分是上天注定。缘起时，惺惺相惜。缘灭时，一拍即散。吕碧城两位同父异母的哥哥因病早逝，因吕家无子嗣，全部家产被族人霸占，并唆使匪徒将母亲严氏强行幽禁。小小的吕碧城挑起重担，给父亲的朋友和学生写信，四处求人告援，其中包括时任江宁布政使、两江总督的樊增祥。一时间各种压力纷纷来到安徽的各级政府，官员们不敢怠慢，囚禁多时的母亲得以脱险。但碧城“夫家”却起了戒心，她小小年纪就有如此能量，这样的媳妇日后过了门恐怕难以管教，于是提出退婚。

女人当貌美如花，性格温顺如水，握在手里如棉花样柔软，说话有袅袅余音，行走当如柳絮轻盈，落在枝头像白云般淡然。对共枕之人风情万种，对其他男子冷若冰霜。这应该是所有男人对女子的期待。女子无才便是德，这是男人压制女人的一种借口。娶与休，不需要太多的理由，一纸文书就能掌握女人毕生的命运。所以，在旧式门厅里，他们宁可娶一个没有才能的女子做老婆，也不要女子太有思想，太有个性。可偏偏吕碧城是一个聪颖早慧又洞察世事的女子，她注定做不来深闺大院里的少奶奶。

樊增祥

碧城与同邑一汪姓乡绅之子订婚，这看上去是所谓的缘分，但其实是蜘蛛结网。两棵树枝相触，让蜘蛛有了可乘之机。当风雨猝不及防来临时，蜘蛛唯有爬向网中央，果断收网。于是，一纸婚约文书终敌不过风雨的侵袭。汪姓人家原本只想在深闺庭院里种养一株兰草，赏心又养眼。没想到草变成了一棵树，直逼蓝天。他们害怕，害怕驾驭不了有思想的女子，不能侍奉家人，更不能温顺持家。他们要的是一个没有才能的女子，在三从四德里恪守妇道。

树枝成就阴凉，小草成就绿茵，男人成就事业，而女人成就男人，这是多么不公平的条约。植物可以遵循生命的轨迹成长，而女人只能被踩在脚底，成为男人前进的垫脚石。我以为每一种生命来到尘世间，都是肩负使命的。活着是一种状态，活出精彩才是无悔的人生。男人不会为一棵树而失去整个森林，女人当然应该不会为一簇花而失去整个春天。只有两性平等的约定，才可以换来两情相悦的境界。一场家变，让一对少年男女陌路天涯，也许这并不是他们的本意。家命难违，这个也不能作为最好的借口。好在碧城那时天真无邪，对婚姻没有太多的感悟。对汪姓男子并无多少印象，虽然心生恨意，但一定没有不舍。仿佛小孩子过家家，游戏结束了，大家各回各家。

不太清楚吕凤岐为什么会看上汪姓人家的男子，但有一点可以确认，汪姓是大户人家，而且家产丰厚。吕家是官宦之家，与大户人家结亲，两家是极为般配的。旧式婚约讲究门当户对，珠联璧合。碧城九岁定亲，十二岁解除婚约，中间有三年的时间，两家应该有千丝万缕的关联。然而，就因为吕凤岐的离世，家道中落，再加上没有感情的婚约像沙滩上涂鸦，一阵风浪袭来，踪迹全无。吕碧城与汪姓家的男人就这样解除了婚约，谁也不欠谁的。因为他们本无交集，只不过是好事者乱牵红线而已。

但是，一个年轻女子遭遇未婚夫家解除婚约，而且是以“惧怕”为借口，终究是极不体面的事情。女子犹存于世，当如白纸样清白，如珍珠样剔透。没有多少人愿意在年少的时候就被人贴上霸气的标签。如果汪家悔婚给碧城带来的是深入骨髓的痛，那么周围人的窃窃私语则给了她致命一击。毕竟碧城才只有十二岁，小小的年轻怎能承担起大人之间的恩怨。如果没有父亲的病逝，吕家怎会沦落到如此境地？

痛苦让人沉沦，磨难让人奋起。但凡女子要想真正的成熟，她必须经历凤凰涅槃的阵痛。无论生活中的何种变数，对于深闺大院的女子来说，都是一种考验。一片叶的陨落，一朵花的凋零，一场暴雨的浩劫，都能让小家碧玉的女子感伤不已。人情冷暖，世态炎凉，让看惯了春花秋月的女孩子感受到前所未有的震惊。更何况这是一场婚变，一场让身份名誉受损的变故。无端被人解除婚约，还找不到辩解的机会。

本是陌路，却偏要相逢。一次回眸，一场相遇，一段故事，便是一场劫数。我们无从考证汪姓男人是何方神圣，但他惧才而远，这是他的不幸，碧城的万幸。碧城不是青面獠牙的野兽，她是才貌双全的女子。她清高知性地行走于人世间，只想按着自己的脚步前行，无辜的婚变让她变成一个让人惧怯的女子，对于青春年少的她来说，这是一场史无前例的考验。名誉对于女人是至关重要的，特别是没有婚嫁的女子。她们需要好名节来觅一方好夫婿，嫁一处受人尊敬的好人家。吕碧城据理力争，各方求助。大家看到一个弱小女子顽强抗争的同时，也看到了她超人的胆识。而汪家把碧城所有的优点当缺点来诠释，然后放弃。正所谓，站的角度不一样，对待问题的态度就不一样。

青莲出自荷塘，绽放始于河边。大家都知道吕碧城是对的，她像池塘里的那株莲花，清醒于世。已经完成了小荷初露尖尖角的蜕变，她要含苞待放，只等那雨后初晴的一场阳光，就能发出浓郁的芳香。不是所有的季节都可以开花，错过了花期或提前的绽放，需要何等的毅力？吕碧城绽放了，池塘在流泪，花儿也辛酸，大家都知道这朵提前绽放的花朵经受了怎样的考验，羞与辱，痛与恨。

4. 红尘劫数

亲情就是一片执守家园的森林，它没有鲜花凋零后的惆怅，给予你的永远是无期的等候。当你受伤时，它会为你伸出援助之手；当你人生失意时，它是你避风的港湾；当你厌倦了喧嚣与浮躁时，它又是你退守红尘的一方净土。

所有的故事早有伏笔，所有的结局早已写好。人生在世，没有完全的胜利，只有暂时的欢颜。碧城的四方奔走，让大家见识了一个另类女子。不安分守已，不知天高地厚，汪姓男子撕毁婚约是必然之举。人生就是这样，有得必有失，没有一帆风顺的旅途。有的只是一场快意的风景。

人生在世，怎一个“情”字了得。亲情、爱情、友情，这些都是挣不脱的红尘枷锁。我们在爱中修炼，在爱中前行。爱的时候，相逢恨晚。彼此厌倦的时候，只希望离得越远越好，恨不能浪迹天涯。友情转换成爱情，一个眼神，一场邂逅就能顾盼生辉。爱情转换成友情，哪怕经历了千山万水，所有的美好都回不到从前。有缘之人，纵然错失千里，也会在下一个出口等待，出其不意地给你一生惊喜。像一片随风舞蹈的树叶，你一脚踢开它，它却对你穷追不舍。

人生在世，最难求的是爱情，最难舍的是友情，最难分的是亲情，最难得的是真情，最难过的是无情。相对于婚变的酸楚，家变才是吕碧城心中抹不开的痛。亲情在一夜之间反目成仇，碧城的叔侄联手，打着吕家无子嗣的旗号，倒戈相向，逼着严氏母女交出家产。可见那时女子的社会地位是何其的卑微与无奈。百年亲情像一道口子被撕裂，看着血水汩汩流淌却无能为力。碧城姐妹虽为女儿身,但她们身上终究流淌的是吕氏家族的血液。

往昔像一条撕裂的绸缎，无论怎样缝补也不可以回到从前，记忆里的伤痛已经生根，让碧城回想起来总隐隐作疼。男人固守家门，有继承祖辈家业的权力；女人早晚是泼出门的水，覆水难收。不平等的世界造就了不平等的人生，重男轻女的封建观念将女子踩在脚底，让她们自生自灭。无从考证吕家叔侄对亲情薄凉的心态，但有一点可以肯定，他们是贪婪与自私的结合体。吕凤岐泉下有知，如果早知道他的离世会给严氏母子造成一场毁灭性的劫难，他一定会死不瞑目。

可死不瞑目又能怎样？旧式的宗法体制注定了女人的悲哀。女子是没有继承权的，尽管吕凤岐的四个女儿都是才高八斗，却仍不能算是有后。吕凤岐坟土未干，一群亲族就如狼似虎地打上门来，他们眼里盯着的是吕氏两千顷的良田，以及价值不菲的家产。孤寡妇人，几名孱弱女子，哪里敌得过族人的子侄辈们理直气壮地强行入嗣。严氏带着几个年幼的孤女，奋力挣扎在这群欲把她们母女吞噬下去的人面野兽中间。

天地无颜，草木无春。让一个在沉静中的女子产生了奋起之心。这世界谁都不可靠，只有自救才能走出绝境。在抗争中，吕碧城由一朵洁净高雅的莲花，终于变得少年老成。向父亲的旧友求助，与叔侄们据理力争。一朵娇艳的花朵，她不是绽放在枝头，而是卑微地向世俗低下了头颅，在无助的境遇里发出了低鸣，也发出了怒吼。

苦难成就人生，这一切仿佛是上天注定，让深闺大院里一支含苞待放的花朵提前开花绽放。虽然青涩，但清新高雅。在碧城十二岁时，她的一首词作被与父亲同年中进士、有着“才子”和“诗论大家”美誉的樊增祥读到：

绿蚁浮春，玉龙回雪，谁识隐娘微旨？

夜雨谈兵，春风说剑，冲天美人虹起。

把无限时恨，都消樽里。君知未？

是天生粉荆脂聂，试凌波微步寒生易水。

漫把木兰花，错认作等闲红紫。

辽海功名，恨不到青闺儿女，剩一腔豪兴，写入丹青闲寄。

当听说这样一阕豪气冲天、壮怀激烈的词作竟然出自一位稚龄弱女之手时，樊增祥惊讶得半天说不出话来。他后来有诗赞碧城曰：

侠骨柔肠只自怜，春寒写遍衍波笺。十三娘与无双女，知是诗仙与剑仙？

一场家变，让吕碧城锋芒初露。在族人的威逼下，严氏最后只得献出所有，满怀辛酸凄苦，投奔安徽来安的娘家。吕碧城的二姐吕眉生后来有诗描写当年离家的惨状——覆巢毁卵去乡里，相携痛哭长河滨。途穷日暮空踯躅，朔风谁怜吹葛巾。弱女子的抗争，终究没有敌得过旧式封建制度的压迫，母女背井离乡来到碧城的舅舅严朗轩处暂住。

如果说爱情是过眼云烟，亲情当如同涓涓流水，渊源不竭，终究汇流成河。可悲的是，在金钱面前，人性的弱点暴露无遗。人情寡断，贪婪把亲情抛掷在脑后。只有今天，没有明天，唯有眼前的利益与自己切身相关。多年以后，吕碧城在《临江仙》一阕中回忆了当年的痛苦：

空记薙孤家难日，伊谁祸水翻澜？长余风木感辛酸，囊萤书惯读，手线泪常弹。

东望松楸拚一病，无由说与慈颜。虚声今日满江关。重泉呼不应，多事锦衣还。

在我们的记忆里，亲情当像一道墙院，里面盛满了温馨与和谐，方能体现大家庭的安详。我以为亲情比爱情更弥足珍贵，如果没有前世的约定，今生怎么可以同坐共食，同父共母，同在一处庭院出生，又同在一隅戏耍。如果说爱情是团花簇锦，绚丽多彩，那么亲情就是一片执守家园的森林，它没有鲜花凋零后的惆怅，给予你的永远是无期的等候。当你受伤时，它会为你伸出援助之手；当你人生失意时，它是你避风的港湾；当你厌倦了喧嚣与浮躁时，它又是你退守红尘的一方净土。爱情丢失了，我们可以寻找下一段感情；亲情丢失了，谁还会把我们牵挂？

5. 一场逃离

年轻是资本，向未来挑战，不惧艰险。跌倒，还有机会爬起；错了，还有时间修正；输了，还可以优雅转身。如果没有那场出逃，吕碧城怎么能成为民国第一“剩女”？

生命是有惯性的，它需要时间来缓冲。像吕碧城这样一位清丽娉婷的女子，我以为她应该没有锋芒，不需要张扬与点缀，就能赢得芸芸众生的顶礼膜拜。像一朵绽放在枝头的花朵，吐露着自然的芬芳与沁人的幽香。这样的女子当养在深闺，与丹青水墨为伴，与香草鲜花为邻。成人后，寻一处好人家嫁掉，优雅度过此生。然而世事无常，总有一些出其不意的苦难让你迎头撞上。

感性的人，会被生命里猝不及防的恩怨伤透了心。固步自封，像挣不脱红尘里的狐，走不出心头的那片天空。理性的人，纵然遍体鳞伤，也能舔伤止血，在沉沦后反思。不得不承认，青春年少的碧城是理性多于感性的女子。她知道思考，知道自救。思考过往，自救明天。女子不被世俗尊重，那我们就得自己尊重自己。了断了没有情感的姻缘，碧城无悔自己的言行。她有荡气回肠的气魄，敢于抗争，敢于向世俗挑战。

哪个少男不多情，哪个少女不怀春。年轻的时候能拥有一段纯真美好的情感，是人生最美丽的风景。然而人性是脆弱的，经得起暴风骤雨的考验，却经不起平平淡淡的相守。有多少痴男怨女们在流光溢彩中迷失自己，又有多少人在痴迷跌宕中峰回路转。爱情是人生风景里的一处行程，只有惊天动地，方能至死不渝。伤与痛，如过眼云烟，转瞬即逝。中年时，我们需要一段感情来缅怀青春；老年的时候，我们需要一段感情来温暖记忆。

碧城少女时代的感情是空泛的，没有至死不渝，也没有峰回路转。她在写满仇恨的亲情里洞察人生。一个聪颖早慧的女子，少年失怙、家产被夺、夫家退婚，在一连串打击之后，只能过着寄人篱下的生活，这样的遭遇足以摧毁一个脆弱的灵魂。不在沉静中爆发，就在沉静中死去。碧城以后的行为证明了她在爆发，她在沉静中默默爆发。豆蔻年华的女子有太多的无奈，太多的反抗，太多的倾诉。都说女孩真正的成长，需要经历一种化蝶破茧而出的阵痛。碧城承受了所有的痛，她在等待一个姹紫嫣红的契机。

吕碧城是民国的四大才女之一，与萧红、石评梅、张爱玲齐名。她创办了女学，支持新政。她是被时光之河湮没的一朵奇葩，亦是一个不老的传奇。回忆虽然苦涩，但希望更让她看到了光明。她用睿智向世人证明，女人如果不想卑微地犹存于世，就该与男子一样积极向上。如果说秋瑾是革命救国，是激进妇女的领袖；那么吕碧城则是教育救国，是当时妇女的翘楚。她打破了“三从”观念，独守终身。向世人证明女子不是男人的附属品，她们也有思想、有追求，是一个独立的个体。平等不是呼唤的口号，而是要用实践来求证。

碧城用她一生的经历来唤醒世人，证明着，也孤傲着。由那个封建家族出来后，碧城母女投奔到舅舅家里。1903 年春天，二十岁的吕碧城想去天津探访女学，遭到了舅舅严朗轩的反对。那时，碧城早过了年少不更世事的年龄，思想上的成熟让她萌生了离家出走的念头。第二天，她逃出了家门，只身踏上去往天津的火车，不但没有旅费，就连行装都没来得及收拾。一切都是那样的仓促，来不及整理行装，来不及跟亲人告别。

生活就是这样，只有置之死地而后生的人，才能获得更多成功。清醒于世的人，对生活的信念更加执著。除了坚韧地跋山涉水，已经没有退守的港湾。年轻是资本，向未来挑战，不惧艰险。跌倒，还有机会爬起；错了，还有时间修正；输了，还可以优雅转身。如果没有那场出逃，吕碧城怎么能成为民国第一“剩女”？怎么能让英敛之一见钟情？怎么能成为被严复赏识的第一才女？怎么能被袁克文暗恋不忘？怎么能被费树蔚挂念至老？又怎么能成为陈撄宁最为欣赏的女子？

青春就是一场逃离，载满风尘，载满冲动，载满期盼。不需要告别，所有的分别在成长的那一刻已经写满纸张。在一个冷清的夜晚，在无人的街头，吕碧城对幽深庭院躬身，对曲幽小径作揖。她走了，想说的话已经写在天上。把温情写给月亮，把浪漫写给星星，把心语写给彩虹，把眼泪写给白云。如果还有人想念着她，天上的万物会有感应，月亮、星星、彩虹、白云就是她的现状。无论身在何方，家是她永远的牵挂，是心中那轮永不没落的红日。带着叛逆，带着憧憬，吕碧城离开了她的亲人们。吕碧城的这场逃离举世瞩目，写满了辛酸与悲愤。她证明了自己，也改变了自己的人生轨迹。

人生在世，活着就得有目标，浑浑噩噩的生活只能愈加丧失自我，做别人生命里的傀儡。因为碧城诗文名动京城，曾经作词怒斥慈禧太后，最后出现“到处咸推吕碧城”的盛况。女子当以她为榜样，男人当以她为楷模。

秋瑾与她一见如故，为她感慨弃用“碧城”的名号。苏雪玲曾将一帧吕碧城身着孔雀服“美艳犹如仙子”的玉照珍藏多年，以表自己倾慕之情。

这就是那位先才而艳的女子，出生于官宦世家，生长于滚滚红尘。闻名于耳的先是她的才华，然后才是水光潋滟的姿容。她避其锐气，击其惰归，为自己赢得了骄傲，成为中国近三百年历史上最后一位女词人。

第二章

津门笔下

——险恶世事恰逢命中贵人（英敛之）

英敛之找到吕碧城这样的旷世奇才为主笔，吕碧城得到英敛之的推许与指引。只可惜，志同道合之人，因为思想上的分歧，最后分道扬镳。如果非要给每一位女子加上一段初恋，那么英敛之应该是吕碧城这一生中爱上的第一个男子。

1. 一段邂逅

孤立无援时的冷清，彷徨失意中的落魄。我们除了冷静对待，已经别无选择。人生没有绝对的一帆风顺，每一次的磨难都是生命的绽放。征服苦难，就是劫后重生。

我们爱上一首歌，常常是因为某句歌词，但真正动人的却不是那句歌词，而是在你生命中那些关于这首歌的故事。爱上一本书，并非书的内容有多精彩，而是因为书里的故事让人感同身受。爱上吕碧城呢？似乎有许多的缘由。出生的年代不同，错过了属于她的那抹风景，我们找不到她的前身，却可以读懂她的今世。佩服惊叹之余，最主要的是我们同为女人。她是那样的纯粹与高雅，为自我而活，为理想而前行，并且活出了自己的精彩与壮观。

在成长的过程中，总会付出一些代价，经历一些磨难。孤立无援时的冷清，彷徨失意中的落魄。我们除了冷静对待，已经别无选择。人生没有绝对的一帆风顺，每一次的磨难都是生命的绽放。征服苦难，就是劫后重生。有多少人在磨难中坠落，又有多少人在磨难中创造辉煌。人的韧性无处不在，当你觉得生命已经走人尽头时，它又出其不意地给你一张笑脸。吕碧城连夜逃离家园，那时她断然没想到，会与英敛之有一段奇缘。

生命就是一场邂逅，不需要刻意等待，只要你准备得足够充分，总有一天会被人赏识。无须修饰，也无须强求，机会就在不远处看着你。如果时机成熟，它就成了你生命的转折点。随遇而安是一种心态，在人生的旅途中，每个人都在找寻自己的位置。曲折虽然不可取，但一帆风顺也太过平淡。

只要不是大起大落，许多人都想从容地度过此生。然世事难料，你想过风轻云淡的日子，等待你的有时却是狂风暴雨。

不是说优秀的人注定要经历磨难，而是说人只有在经历了磨难之后可能更容易成功。成功的人不是赢在起点，而是赢在转折点。磨难是对人性的考验，你坦然面对，也就无懈可击。你心存胆怯，它会如影随形。人只有经历了数不清的磨难，才会在颠覆之后重塑。吕碧城就是在磨难中找到自我，迈出了逃离的第一步。因为天然秉性使然，她准备得充分，所以她的故事一发不可收拾。1904 年春天，吕碧城因为与舅舅严朗轩发生争执，来到了天津，与《大公报》的社长英敛之一见如故。

英敛之，1867 年出生，字敛之，号安蹇斋主、万松野人，满族正红旗。1898 年前后受康有为、梁启超变法思想影响，开始评论国事，曾在澳门《知新报》上发表同情戊戌变法的文章。1902 年在天津创办《大公报》，兼任总

青年英敛之与太太爱新觉罗·淑仲及儿子英千里合影

理和编撰工作。对于吕碧城的到来，英敛之充满怜惜。羸弱女子离家出走，背后一定藏有不为人知的辛酸。吕碧城看上去长得眉清目秀，初次与英敛之相见时，她的一首《浪淘沙》惊艳了四座。

寒意透云帱，宝篆烟浮。夜深听雨小红楼。姹紫嫣红零落否？人替花愁。

临远怕凝眸，草腻波柔。隔帘咫尺是西洲。来日送春兼送别，花替人愁。

这首词写得玲珑剔透，意在象外，象在意中，一个愁字写出了心中的苦闷。而“临远怕凝眸”，更凸显了她当时的心境。她渐渐长大了，又远离了亲人，怎能一个愁字了得？天下所有女子都注定了多愁善感，伤春悲秋。

大公報

Ta-Kung-Pao

(L'Impartial)

正中書局

中華法學雜誌

英敛之创办的《大公报》

在尘世里辗转彷徨，孤寂奋争，谁与同行？飘飞的云，凋零的花，都会引来莫名的伤感。似乎天下女子，生来就被愁绪包围。就算走得再远，逃离得再快，始终离不开心中的那片天空。

吕碧城本是大家闺秀，像这样玲珑剔透的女子，当享尽荣华富贵受人疼爱才对。然而一首《满江红》一改纤弱的女儿模样，把大家带到家国之难的大境界。

晦暗神州，忻曙光一线遥射。问何人女权高唱？若安达克。雪浪千寻悲业海，风潮廿纪看东亚。听青闺挥涕发狂言，君休讶！

幽与闭，如长夜。羁与绊，无休歇。叩帝阍不见，愤怀难泻。遍地离魂招未得，一腔热血无从洒。叹蛙居井底愿频违，情空惹！

这是一首弘扬女权，倡导妇女解放的词。要效仿法国的罗兰夫人和爱国者贞德不惜生命，为自由与革命献身，喟叹振兴故国的一腔情怀。有女如斯，他日一定大有作为。吕碧城用才华与气节赢得了英敛之的欣赏，当即恳请她留在报馆。

英敛之也是忧国忧民之人，他们很快有了默契。如果说英敛之最先赏识的是吕碧城的才华，那么，后来则是被她的人品所打动。英敛之古道热肠，碧城的遭遇让他顿生怜爱。他慧眼识珠，当下决定让碧城在《大公报》馆留下来，加盟报纸的编务，从此吕碧城成为《大公报》的第一位女编辑。困顿使人落魄，吕碧城仓促出逃多少带有些悲愤情绪。也许这不是她最好的选择，如果是没有选择的选择，这又何尝不是最好的落脚点？

英敛之满腔爱国热情，终于找到了志同道合者。一切仿佛都是上天注定，吕碧城与英敛之之间注定有一段不了的情缘。我相信缘分，世间的一切相遇绝非偶然。有些人擦肩而过，形同陌路。有些人只是一个回眸，却会有一辈子的交接。在两张陌生的面孔面前，一切都是那样真诚。没有前世今生，没有恩恩怨怨。世界是新的，感情是纯粹的。不问年轮，不问岁月，认识的时间就是缘分的起点。无关金钱，无关地位，就这样傻傻地，憧憬着开创美好的未来。

邂逅一个人，只需要片刻的时间。认清一个人，往往会是一辈子。爱情在流年里随时光转换，友情却是温暖一生的记忆。认识英敛之，并非吕碧城的终点，但一定是她人生转折的一个起点。

2. 一场眷念

在对的时间遇上对的人，是上苍的祝福；在错误的时间遇上对的人，是一种遗憾；在对的时间遇上错误的人，是一种摧残；在错误的时间遇上错误的人，是一种惩罚。

清末民初，是一个兵荒马乱的年代。战火不绝，纷争不断。多少人在举足无措中随波逐流，多少人在硝烟四起中迷失方向。历史的尘埃交替更换，没有永远的安逸，只有暂时的胜利。每个人都想成为自己的救世主，最后无一例外不是仓皇脱逃。改朝换代，带不走生活的痛，却制造了更多的悲。朝不保夕，生灵涂炭，浮躁与疯狂共舞。出类拔萃的人力挽狂澜，为人间太平贡献着自己的青春与年华。

《大公报》因为吕碧城的加盟，在京津地区报纸销售高居榜首。吕碧城除了采访，还在上面发表诗词。一位妙龄女郎，正处在伤春悲秋的年龄，却对时事有她独特的见解。她洞察世事，观察人生，捕捉潮流的浪花，直逼时代主题，革故鼎新，独倡平权，喊出了“深闺有愿作新民”的高亢羽声。写到这里不得不佩服碧城的胆识，在那个枭雄辈出的年代，一个柔弱女子，势单力薄，敢与时代抗争，这是何等的气魄！

有人说，吕碧城与英敛之的相逢，是一场伯乐与千里马的盛筵。有文章记载，吕碧城与英敛之的相识其实是一场眷念，英敛之对吕碧城的眷念。吕碧城像一捧菊，散落在田地间，不卑不亢，散发着淡淡的清香。不畏红尘烟火的强暴，清醒地立于枝头。她用悲愤的文字唤醒世人，像时间长河里的刻刀，一步步雕刻着自己的思想与足迹。且不说容颜，只这种超然于世的性情，足够令男人高山仰止，爱慕与青睐。

英敛之留在北京香山裸岩上的“水流云在”四个大字

缘分是奇特奥妙的，当你苦苦追求时，它不轻易显露。而等你悄然转身的时候，它又如幽灵般轻轻袭来。爱情是可遇而不可求的，既然遇上就千万不能错过。可惜的是——有许多的缘分不是错过了时间，就是错过了地点。在对的时间遇上对的人，是上苍的祝福；在错误的时间遇上对的人，是一种遗憾；在对的时间遇上错误的人，是一种摧残；在错误的时间遇上错误的人，是一种惩罚。

二十岁，正是如诗如梦的年龄。对于一个出身在书香门第又风姿绰约的女子，当是享受爱情的最好时光。捧一本书，画一幅山水，煮茗论诗。筑一帘幽梦，邀三五知己，侃侃而谈。可人生就是这样，梦碎了无痕，记忆却深远不息。自我放逐虽会迷失方向，静若处子又枉蹉跎岁月。如果不是十二岁那年的一场婚变，如果不是英敛之早已为人夫，他们的眷恋可以变成恋情吗？我想应该是否定的。

人生没有太多的假设与如果，假如一切重来，谁又能断定今天不是昨天的复制？如果一切可以改变，你还是今天的你吗？吕碧城是淡雅清高的，红尘如梦，所有爱恋不过都是一场追逐。没有起点，亦没有止点。短暂的停留，不能成为终身的依恋。挥霍着青春，然后舔伤止血。爱情一败涂地，伤害的是身心。抱负不得施展，伤感的是人的灵魂。既然知道所有的爱都是一场错误，为什么又要去开始？

《大公报》旧址

爱情是一场博弈。被爱是骄傲的，爱人却是痛苦的。红尘规律，爱得越深，付出得越多。爱得越彻底，输得越纯粹。一江春水向东流，岸绿了，花开了，情却已老。爱不能相守，还不如不爱。不能相濡以沫，还不如相忘于江湖。英敛之是理智的，他知道自己只是一个驿站，给不了碧城想要的天空，所以只能克制情感。发乎情，止乎礼，英敛之是坦荡的君子所为。欣赏一位绝世女子，拥有未必就是最好的结果。

写到这里，我想起了同为才子，同样为人夫、为人父的徐志摩。一首《再别康桥》荡气回肠，牵动了几多往事，写出了多少的无奈。爱就是这样，得到与得不到是天壤之别。徐志摩放荡不羁，才华横溢，为了爱情可以奋不顾身。而感情，不是你倾注了所有，就可以得到全部。感情不是东西，无法用量器来计量。它随荷尔蒙的刺激不断增长，源源不竭。就算你是他的梦中仙女，就能断定你拥有了他的全部？徐志摩爱林徽因爱到忘乎所以，当遇见陆小曼的时候，他还是照样爱得热烈而奔放。

轻轻地来，正如我轻轻地走，挥一挥衣袖，不带走一片云彩——所有的情在作别之后，都不能画上圆满的句号。牵挂与思恋固然刻骨铭心，但谁又能否定愤恨与悲伤就不是爱呢？徐志摩比英敛之爱得豪放，爱得洒脱。他为了林徽因不管不顾，追随天涯，甚至最后为听她一场讲座，而付出了生命。而林徽因是那样的淡然，有人为徐志摩不值，因为他没有换来同等的爱情。我以为徐志摩是值得的，林徽因病入膏肓的时候还在写诗，为徐志摩写诗，纪念两人阴阳两隔。这证明徐志摩从来就没有离开她，被她珍藏了一辈子。

英敛之为什么不能像徐志摩那样洒脱，向吕碧城大胆地倾诉情感，那是因为他怕破坏了他们之间的那份美好，那份默契。有些爱，一旦说出注定就成为伤害。英敛之没有徐志摩的勇气，为了爱情抛弃糟糠之妻。英敛之与夫人爱新觉罗·淑仲是患难之交，追求吕碧城势必就会伤害淑仲女士。

这就是爱情，亦是情感的无奈。英敛之是理智之人，他追求热烈，但不会燃烧。而吕碧城更加理智，她与淑仲情同姐妹，断然不会给英敛之表达爱的机会。

有种眷念叫牵挂，有种眷念叫不舍，有种眷念叫守候，有种眷念叫感激。英敛之对吕碧城的情感包含了所有，有牵挂与不舍，亦有守候与感激。一段情走到最后，要么得到，要么优雅转身，这应该是最必然的结局。聪明如吕碧城，她断然不会让自己走到如此难堪的地步，她不会伤害身边的任何一个人。得到了未必会和美一生，有多少痴男怨女亲手撕毁了当初的美好，最后变成陌路。滚滚红尘里，优雅地转身，留下一个华丽的背影，让人眷念一生，未尝不是最好的选择。

3. 成就彼此

女人活着就一定要活出尊严与庄重。哪怕孤独，也要从容。从容是日积月累的经验的堆砌，像风筝在空中翩飞，孤世决然，当有天与白云相遇，他们产生了默契，一切是那样的佳偶天成。

爱是一种守护，像白云守候着天空，森林守候着大地。在你离开的时候，他会站在原地静静地祈祷；在你孤单的时候，他会陪在你身旁赶走寂寞；在你痛苦的时候，他会陪你度过慢慢长夜。也许吕碧城并非如人们猜想的那样，对英敛之有眷念之情，但感激之情是不言而喻的。而英敛之亦是懂吕碧城的，他的这片天空太小，不是吕碧城施展才华与抱负的舞台。他们之间除了深深的眷念，不可能有更激烈的情感碰撞。蝴蝶飞不过沧海，但信念始终如一。

两人相识不久，吕碧城的舅舅严朗轩出了问题，因事被弹劾去职。碧城有离开《大公报》之心，英敛之夫妇极力挽留。英夫人应该是懂他们的，丈夫需要这样一位女子的帮助。《大公报》因碧城的加入，销量提升至榜首。不是每一次机遇都能恰如其分，女人对感情的依恋总比男人来得浓烈。而碧城的淡然处之，让淑仲更加佩服。有人说丈夫出轨，根源在于身边的女人。世俗刁蛮的女人会与丈夫愈行愈远。而好女人像一杯茶，由浓至淡，愈发让人不舍。

爱情像一杯茶，一遍一遍得冲泡，品味着爱的甜蜜。直到冲成一杯白开水，虽然渐渐平淡，但其中的过程却耐人寻味。淑仲就是英敛之手里的一杯茶，虽然味淡了，但越来越让人回味。再浓的情，也有寡淡的时候。结果是什么并不重要，重要的是过程，我们学会了由浓到淡的相守。或清香，或自然，或苦涩，或甘甜，不管滋味如何，有了这些回味，足够温暖这一生。

淑仲与碧城都属于好女人，她们用淡然赢得尊重。碧城与淑仲情同姐妹，她决然不会因为一己之欲而破坏姊妹之情。而淑仲与英敛之一样，看中碧城的才华，更欣赏她的人品。因为淑仲的挽留，在短短的一个多月里，吕碧城又写了《敬告中国女同胞》《远征赋》《兴女权贵有坚韧之志》《教育为国立本》《写怀》《七绝三首》等诗文，在大公报发表。这期间，吕碧城结识了官员傅增湘、金邦平、沈吕生。日本人山根虎臣偕管洛声来访并与她笔谈，《北洋官报》总办张孝谦夫人也携子来访。

人生就是拾级而上的台阶，只有不断地攀爬，才能登上更高的景点。正如唐朝诗人王焕之诗里所写——欲穷千里目，更上一层楼。人只能在拥有了更广阔的天空，才能找寻到更开阔的视野。“会当凌绝顶，一览众山小。”这是一种从容的姿态，虽然失意了，但一定不能被困难阻拦。碧城像一朵盛开的花朵，因为有了英敛之的赏识，她芬芳着，鲜艳着，绽放着。她成了当时女子中的杰出人物，走在人群中，如同站在聚光灯下，成了思想前卫的焦点。对于英敛之的栽培，吕碧城当是感激，而且铭记终身。

《北洋官报》总局地址

与英敛之相处的日子，碧城获得了精神上的慰藉与短暂的成功。有种友情叫惺惺相惜，有种依恋叫萍水相逢。人生最大的幸运莫过于与素不相识的人一见如故，产生共鸣。碧城是幸运的，英敛之是幸运的。他们在一种陌生的环境里相遇，而且找到了契机。很喜欢一句话——英雄莫问出处。是的，昨天拥有的不代表今天，今天拥有的不代表明天，而明天亦不能代表永久。岁月长河里，大浪淘沙，人才辈出，谁能坚持到最后，谁就是胜利。

英敛之找到了吕碧城这样的旷世奇才为主笔，吕碧城亦得到了英敛之的推许与指引。吕碧城的才华能发挥到淋漓尽致，英敛之正是幕后推手。《大公报》旨在打破封建顽固势力之禁锢，以西方现代文明启迪读者。要开风气，启民智。挹彼欧西学术，启我同胞聪明。要求慈禧太后归政，反对顽固守旧势力；支持改良，反对革命；呼吁民族独立，反对帝国主义侵略；提倡西学，反对保存国粹。以大公无私之心，扬正抑邪，取这个名字，意即用这张报纸为公众服务。

1904 年 2 月，清廷允许日、俄两国在中国的土地上打一场特殊战争，

而软弱的清廷不顾国人的生命死活，把辽河东西划为“战区”和“非战区”，自己则采取“中立”。清政府还把这奇思怪想，堂堂正正地说给自己的百姓听。吕碧城正是在这种情况下，乘舟过海，有感而发，写下一篇叹息国耻的诗作。

旗翻五色卷长风，万里波涛过眼中。别有奇愁消不尽，楼船高处望辽东。

作者题曰《口占》。她说出了国人想说而不敢说的话，这便是这首小诗的价值所在。这首诗在《大公报》一经发表，又博得了国人热烈的掌声，虽曲高而和者众。

吕碧城博得了国人的喝彩与认同，有人说吕碧城是李清照转世民国，斐然的才华与倾国倾城的容颜都使她备受瞩目。关于这点我非常认同，女人活着就一定要活出尊严与庄重。哪怕孤独，也要从容。从容是日积月累的经验的堆砌，像风筝在空中翩飞，孤世决然，当有天与白云相遇，他们产生了默契，一切是那样的佳偶天成。不需要相约，不需要等候，就那样携手同游。

4. 无关风月

它像一种超越时空的暖，缓缓流动，在心灵上产生共鸣，在精神上互相抚慰。迈进一大步就是爱情，退后一步就是友谊。这种感情，在爱情与友谊之间。任世道如何变迁，他或她不会随时间而流散，在心的一角，给彼此一点空间。

爱情是一种可遇而不可求的幸福，但只要付出了真诚，往往都能收获友情。吕碧城与英敛之的感情，无关性别，无关年龄，无关财富。与友谊相关，但一定超出了友谊。他们之间有一种无以言状的默契，不能言表，说出来就会破坏伊始的美好。它像一种超越时空的暖，缓缓流动，在心灵上产生共鸣，在精神上互相抚慰。迈进一大步就是爱情，退后一步就是友谊。这种感情，在爱情与友谊之间。任世道如何变迁，他或她不会随时间而流散，在心的一角，给彼此一点空间。不离不弃，不深不浅。

有坊间传说，如果不是吕碧城转身太快，有兴学之志，她与英敛之会产生火花的，而且还是完美的结合。我相信这样的传说，因为他们如果真的结合在一起，一定是珠联璧合、才子佳人。英敛之爱才，这是众所周知的。吕碧城才貌双绝，这样一位绝世女子放在哪里都能迎来一众眼球。更何况他们在一处共事，朝夕相处。英敛之爱慕吕碧城无疑，但吕碧城呢？我以为，如果为了爱情放弃理想，反而衬托爱情本身可疑。吕碧城就不是吕碧城了，而是另外一个女子。

人生有很多条道路可以选择，有人选择阳关大道，有人选择独木小桥，有人选择曲幽小径，还有人选择崇山峻岭。谁都没有错，只是目标不一样，所选择的道路就不一样。有时候，太多的选择，还不如不选。听从内心的呼唤，坚持到最后，就会知道那条道路是自己想要的。人生的遗憾是——想要的太多，而得到的又太少。当我们拥有的时候，同样也在失去。当我们失去的时候，同样我们也在拥有。

爱情与理想本是没有矛盾的，当属双重路线，可以全选，亦可以单选。矛盾是比率的轻重，排列的名次。有人说，对于年轻女子，爱情当排首位。但是对于一个意气风发的女子，她把理想看得高于一切，这就注定了红尘路上的孤单。女人可以错过一些风景，也可以错过一些不同的人，但一定不能错过年轮。人不风流枉少年，在你以为红颜未改时，皱纹像丝线正爬

满你的额头。有些情，相逢近在咫尺，回首已是天涯。

关于爱情，有人说平平淡淡才是真。也有人说，不求天长地久，只求曾经拥有。平平淡淡的爱情是许多人所期待的，我想吕碧城她亦是期待的。不求天长地久，只求曾经拥有，这个吕碧城是断然不会接受的，我亦不能接受。一份感情，在相恋之初就不那么纯粹，还不如不要开始。为什么要在彼此心里留下难以抹杀的疼痛之后再选择放弃，是对他人不负责，还是对自己无责任？我认为，这个命题成立的时候就有点问题，它是一种自欺欺人式的自慰。

一直很佩服那些爱得义无反顾之人，不考虑现在，更不幻想未来。爱就爱了，不为刹那间的别离黯然神伤，不为忽然间的相逢欣喜若狂。总是那样平静，像一棵树，枝繁叶茂，花满枝头，不骄不傲。冬天来临，树黄枝零，它仍旧挺直了身体，等待春的到来。这种淡定与超然，是普通人所不能达到的修为。红尘之惑，明知道不能做到收放自如，但依旧独恋那一脉相思，一缕温情。

人生不可能像一片白纸，总是保持了清新与洁净。它需要记录，需要写满回忆。幸运的人，在别人的悲痛中成熟。不幸的人，用痛苦作范本教育他人。吕碧城的童年是带有伤痛的，婚变加上家变，给了她致命的伤痛。她是在伤痛中成长的女子，所以凡事比较谨慎小心。爱情是这样，工作上亦是。碧城一直很有抱负，兴办女学是她在《大公报》萌生的志向。在英敛之与傅增湘的帮助下，她终于完成了这一心愿，创办了北洋女子公学，开辟了中国女子公办学校的新纪元。

北洋女子公学在短短六个月创办成功，离不开一大批社会贤达人士的参与，离不开直隶总督府的支持，校史中永远铭刻下他们的名字：袁世凯、唐绍仪、英敛之、傅增湘、严修、林默青、方约雨、卢木斋、王铭槐、姚石泉、张印之、严朗轩、吕碧城等。创办女学的动议和思想，吕碧城起了至关重要的作用。创办女学的过程中，英敛之古道热肠，功不可没。碧城更是呕心沥血，四方奔走。

北洋女子公学毕业学生照

在由英敛之编发、吕碧城撰写的长文《论提倡女学之宗旨》中，吕碧城系统地提出创办女学的指导思想，德、智、体全面发展和教学的管理方法。英敛之发表这篇长文的同时，还配发了吕碧城的四帧青春靓丽的照片，更让世人投来惊羡的目光。这一旋风般的组合拳，可以说把吕碧城的思想和才情推到了极致。难怪有人疑问——到底是英敛之成就了吕碧城，还是吕碧城成就了英敛之？

人有时就是这样，在困难面前，肝胆相照。反而在经历磨难，取得成就后间隙顿生。都说爱情要给彼此一些空间，才能安然相处。朋友之间又何尝不是？真正的朋友无论相隔多远都会感觉彼此的存在，不会因为距离的亲疏而影响友谊的长久。距离不是阻隔共同前进的障碍，真正阻隔的是人心。在困难面前，心是一致的，同进共退，患难之交。困难消除，失去了目标，安定带来的安逸，反而让心灵无所适从。

5. 分道扬镳

情感里没有绝对的永恒，永恒的是定格的瞬间与刹那间的绽放。当某一天我们回忆起来，他还一如当初的模样。岁月在老，而记忆依然年轻。生命在流年里渐行渐远，但记忆却清晰如昨。

谁都想过安定的日子，没有人天生就喜欢像候鸟样迁徙，像木筏样漂流，居无定所，老无所依。人之所以努力工作，积极向上，就是想趁年轻的时候，打下良好的基础，换来老年的安逸。可安逸有时会让人失去方向，自我放逐。还容易让人顽固，听不进他人的意见。老天爷仿佛天生要叫人孤单，彼此不能靠得太近，保持好适当的距离，才能维持原样。可是，一成不变有时是一种退化，千变万化又不是我们想要的，生活到底需要什么，才能维持我们原有的初衷？

情感里没有绝对的永恒，永恒的是定格的瞬间与刹那间的绽放。当某一天我们回忆起来，他还一如当初的模样。岁月在老，而记忆依然年轻。生命在流年里渐行渐远，但记忆却清晰如昨。回首凝望，物是人非，他还在不远处，而你已经不是昨天的你。有时候，觉得人生真的好无奈，我们极力想保留当初的美好，可又不得不听从内心的召唤，为了一个梦，为了一段情，抹杀爱情，淡化友情。

吕碧城与英敛之之间可能没有刻骨铭心的爱情，但一定有刻骨铭心的友情。那些忙碌的时光里，心灵相通，成就了彼此的梦想。英敛之打造出一个亮眼的新女性，让世人为之震惊。而吕碧城借用《大公报》的平台，把自己的才华发挥得淋漓尽致，这是多么让人欢欣的事情。一个有才，一个爱才，他们彼此成就了对方，也成就了自己。生活中最温暖的事情，莫过于付出能有收获。十年树木，百年树人，这记忆可以温暖我们到地老天荒。

一直很喜欢一种淡淡的相处，彼此不要依靠得太近，像两棵树，深情地凝望。灵魂在地下相连，情感在云端相传。没有缠绵的窒息，无须彼此渗透。淡淡地，静静地，不成为彼此的负担，却分享彼此的喜悦。同守着一片蓝天，同守着一轮明月。在寒冷的季节，相约等待春的到来。在云淡风轻的日子，随风起舞。心很近，距离却很远。你有你的山川，他有他的河流。一阵微风吹过，树叶传来轻快的摩挲声。呼唤着，诉说着。秋叶飘落，彼此交换着礼物。在落叶上写满温馨，送上最真诚的祝福。

资料上记载，吕碧城与英敛之最后分道扬镳是因为一篇文章。我不以为然，矛盾的爆发应该有一个日积月累的过程，日常的琐碎最能考验一个人的耐心，而最让人伤神的莫过于观念的冲突。吕碧城在帝辇之下津门飘红，引来了吕家其她姐妹次第登场。四姐妹不仅有君子风仪，而且国学根底深厚，诗词文章写得各臻奇妙。她们的到来如春天蓬勃的花朵，灿烂夺目，为女学平添了许多气象。女子公学由之前的两个班，扩展至三个班，前后院落明显拥挤起来。

吕氏四姐妹的到来，初衷应该是好的，为学校教学亲躬亲为。想起了一句俗语——女子无才便是德，当每个人都以为自己可作人师，指点江山时，有些矛盾注定会发生。观念上的差异应该是吕碧城与英敛之最大的障碍。碧城先是与代行监督的凌女士发生分歧。凌女士不愿再与吕碧城合作，另找周学熙、林禹昌等去办新校，并禀报天津府查复。吕碧城极力挽留，想请英敛之出面调解。没想到大家都相继退出，英敛之随后在《大公报》上发表声明——学校事不再参与，任吕碧城独自署理。

资料的记载并不全，我们无从具体考证吕碧城与英敛之真正分手的原

因，只能妄自猜测。或许是生活中的矛盾，或许是观念上的差异，或许就是天下没有不散的筵席。情到浓时爱已殇，爱情是这样，友谊亦如此。吕碧城与英敛之之间虽没有纯粹的爱情，但一定含有爱的成分。英敛之对待吕碧城的那份呵护，她是默守于心的。能够坦坦荡荡的爱一个人，是福气。想爱而不能爱是一种折磨，分开未尝不是最好的结局。对于这一段生活的不快，七年后，吕碧城在《法曲献仙音·题吴虚白女士“看剑引杯图”》一词中，写了自己当时的心情与隐痛。

绿蚁浮春，玉龙回雪，谁识隐娘微旨？夜雨谈兵，春风说剑，梦绕专诸旧里。把无限忧时恨，都消酒樽里。

君认取，试披图英姿懔懔，正铁花冷谢脸霞新腻。漫把木兰花，错认作等闲红紫。辽海功名，恨不到青闺儿女。剩一腔豪兴，聊写丹青闲寄。

“隐娘微旨”“铁花冷射”，对于“青闺”中孤独无援的吕碧城，只得去“聊写丹青”。由这首词，我们能看出吕碧城的无奈与心痛。人生有许多的选择，有许多的机遇。没有谁从一开始就会选择孤单，放着阳光大道不走，而去独行一条生僻冷清的小路。碧城如此聪明过人，她又怎么会去轻易得罪那些曾经对她有帮助的人？如果不是观念上的差异，她与英敛之断然不会走到各奔前程这一步。对于吕碧城与英敛之的分道扬镳坊间有各种议论，有人说吕碧城恃才而傲，有人说吕氏姐妹加入北洋女子公学一事加深了他们之间的矛盾。还有人说，英敛之故意退出，就是想给碧城一个施展才华的空间。

对于这些说法，我希望是最后那个。英敛之是宽厚仁慈之人，退一步海阔天空，他用最好的方式来表达了与吕碧城的这段不了情。有时候，人们为一点小事争执不休，但其实这件事情无论对与错，对将来生活的影响都不大。可喜欢争强好胜之人，或说是喜欢夸大其词之人，偏偏要争得面红耳赤，还不得其所。我以为，坚守心灵深处的高贵，大度地退让一步，则不仅不是懦弱，反而是一种大忍之心的体现。

6. 恩怨情仇

人之所以痛苦，是因为活得太清醒。难得糊涂说的不是真正的糊涂，而是假装糊涂。我们总说自己很糊涂，其实是在佯装糊涂，找一个借口不让自己被凡俗世事所缠绕。表面糊涂、内心明亮的人，才是最聪明的人。做一个大智若愚之人，是一种修为，笨得可爱，清醒得伶俐。

人活着就是一场修行，苦涩也好，温暖也罢，修行的结果都一样，修今生，修来世。今世不得圆满，与相爱的人擦肩而过。希望来世能众里寻他，然后善始善终。因为时间，我们都变成了薄情人，因为空间，我们又都成了隐形人。死亡是修行的最终目标，不管你愿不愿意，每个人都会有这么一天。人生苦短，岁月易老。太多的欲望，让我们惧怕真的到达终点。太多的不舍，让我们希望生命能无限延伸。在死亡面前，所有的生命都是平等的，不管你曾经是富贵还是低贱，不问你的前世与今生，说离开就离开了。

有资料记载，在兴办女学的时候，英敛之一直很赏识吕碧城的才华，自碧城的二姐吕眉生加人女学之后，英敛之对吕眉生也颇为欣赏。也许这并不能说明什么问题，这只是一个男人对女人的欣赏。但有一点可以肯定，

因为吕碧城性格的执拗，英敛之对吕碧城渐渐失去了耐心。随后吕眉生嫁为人妇，英敛之对吕氏姐妹也越来越疏远。办学的艰辛不言而喻，在日后的岁月里，吕碧城与吕眉生关系极不融洽，甚至到了绝交的地步。妄自揣测一下，姐妹情绝会不会与英敛之相干？希望这只是一种猜测，就算猜测正确，也无需指责谁对谁错。毕竟那时候的英敛之很年轻，一时的儿女情长影响到心情也在所难免。

也许，吕碧城与英敛之分道扬镳，没有谁对谁错，就是一种简单的分手。他们在共进共退的日子里，都找到了自己精准的方向。如果有人硬要说成是一山不能容二虎，那我也没有异议。每个人生来的使命不一样，或抑或扬，或虚或实。积累了原始资本后，都愿意大展宏图。社会需要进步，竞争是推动人类前进的最好方式。有人说他们分手的真正的原因是吕碧城在《大公报》上看到一篇文章，里面有“劝女教习不当妖艳招摇”的内容，碧城怀疑是在写自己。她并没有去和英敛之沟通，而是直接投稿对手《津报》，反唇相讥。英敛之认为这篇文章非常可笑，沟通失败后，两人之间开始疏远。

显而易见，吕碧城前卫的思想受到了某种势力的威胁，或者说，某种势力想借助吕碧城的言行大做文章。英敛之性格老成，对于这样的文章，他嗤之以鼻。有时候，满不在乎，是打击对手最好的方式。而吕碧城年轻气盛，最终没有沉住气，成为别人的靶子。英敛之希望吕碧城不必理会，而吕碧城因为历练太浅，很快就与对方口诛笔伐，严厉声讨。英敛之认为吕碧城有些孩子气，而吕碧城认为英敛之对自己漠不关心。观念不一致，矛盾在所难免。

每种沟壑的形成，总有日积月累的痕迹。有些话一旦说出口，就如同撕裂的口子，无论怎么修复都不可能再回到从前。吕碧城与英敛之都属于大智若愚之人，他们万万不会把自己逼到一无退路时再放手。放弃一段过去，是为了开始一段未来。两人分开单独办学后，吕碧城的人生理想走上了另一个新台阶。1906年春天，吕碧城在北洋女子公学设师范科，选拔资质优秀者潘连碧、彭清惠、黄盛颐、朱若华、陈克柔、朱丽明、张韫玉、张振权、彭清湘等就读，这些学生在学业上力求精进，三年后毕业。

有些情，不是分开就可以忘记。那些相处的日子，对方的一颦一笑，都已经深深置于彼此心底。放手是痛，不放手是难堪。英敛之的离开给了吕碧城最深的痛，她甚至请求友人从中斡旋，无奈英敛之去意已决。看着英敛之决绝的背影，吕碧城柔肠寸断。英敛之走得太急，没有给吕碧城一个解释，这是他们之间最大的遗憾。许多时候，事情已经发生了，过多的解释也于事无补，还不如彻底放手。

人之所以痛苦，是因为活得太清醒。难得糊涂说的不是真正的糊涂，而是假装糊涂。我们总说自己很糊涂，其实是在佯装糊涂，找一个借口不让自己被凡俗世事所缠绕。表面糊涂、内心明亮的人，才是最聪明的人。做一个大智若愚之人，是一种修为，笨得可爱，清醒得伶俐。让自己保存在一种清醒与理性之间，不因愤怒而冲动，不因沮丧而妥协。低调得高雅，平和得淡然。吕碧城是清醒与理性的，无论什么时候，她总能让自己保持清醒与理性的思考。而《津报》事件，按英敛之的考虑，她缺少理性对待，多了一些冲动。

离别是为了重逢，吕碧城虽然与英敛之分道扬镳，但并不代表他们之间的感情走到了尽头。有缘之人，不会因为刹那间的恍惚，感情就戛然而止。沧海桑田，世事变迁，他不能成为你守候的家园，但一定能给你一片纯净的天空。有些人，看上去道貌岸然，却不能和你一起面对风浪。有些人，看上去衣衫褴褛，却偏能给你出其不意的守护。英敛之并非薄情之人，在与碧城分开办学后，还给了她至高无上的赞誉。英敛之曾为《吕氏三姐妹

文集》作序，其中说到吕碧城时，称她是“麒麟凤凰”级别的人物：“吕碧城清新俊逸，生面别开，世之峨高冠，拖长伸者尚多未解此，而出之弱舍女子，岂非祥麟，威凰不世见者乎？”他写给吕碧城的诗用词华美，倾慕之情溢于言表：“秋水伊人，春风香草，悱恻风情惯写。”

由这些文字中，我们不难看出，英敛之是真性情的男子。办学的艰辛是不言而喻的，他愿意把所有的努力都归功于吕碧城，这是男人的豁达。他的退让，让碧城感动一生，至死不忘。在碧城停办女子公学多年之后，她恋恋不忘的人还是英敛之，两人在香山匆匆相见，恍如隔世，又近在咫尺，多少往事历历在心，无以言表。唯有诗词的交往，是他们这辈子最长久的情谊。恩恩怨怨，岂是一个“情”字可以解释得清楚。

7. 决然转身

有一种女子，无论事实如何变迁，她总是活得那样清醒与孤傲。她有可能会爱上某一男子，但一定不会爱而疯狂。她不会把自己逼得一无退路，她要做自己命运的主宰者，所以宁可穷尽一生，也绝不会为某一人转身，轻易改变人生的航程。

青葱岁月里，每一位女子都有一段值得纪念的初恋，无论是否圆满，都会随记忆的加深，而愈加怀念。爱情要么轰轰烈烈，要么平淡如水。那些追求喧哗之人，无非在情感表达的时候，行为更加张扬一些。而那些和风细雨的爱情，则多了一些谦和与礼让，看上去更加成熟。年轻的时候，企盼爱情要么别来临，来了就一定要轰轰烈烈，才不负这青春年华。多年以后才知道，越浓烈的爱情越折磨人，所有的浓烈都与故事相关。而故事多了之后，事故就会发生。

初恋是最美好的记忆，因为过于稚嫩，总显得格外肤浅。红尘陌上，寂寞得太久，有些情，明知道不可为之，但仍然有人会觉得“一万年太久，只争朝夕”，何苦守着喧嚣，等待寂寞。初恋就这样不经意间来临，没有准备，只有一些怦然心跳的感动。繁华落幕，当一切激情消褪时，才知道当初的莽撞，明知道开始就是错误，可却还是让它不可避免地发生。在如诗如画的年龄浅尝最深的痛，在年轻的心灵里烙上最深的痕。初恋虽然浪漫，可有多少人的回忆里会写满欢乐？

张爱玲说过，喜欢一个人，可以低到尘埃，然后从尘埃里开出花朵。那是怎样一种卑微的姿势，把头埋在尘埃里，这是何等的谦卑。每个女子心中都有一个公主梦，正如她们心中永远有一个难忘的初恋。对于一颗年轻而骄傲的心，在没有被世俗折磨到支离破碎之前，断然不会有张爱玲一样的感悟。女人只有在大彻大悟后，才会对感情有如此幽怨的理解。每一段情都值得纪念，但没有哪一段情会像初恋一样植入根系，终身难忘。

吕碧城与英敛之如果没有创办女子公学时所闹出的不快，他们之间或许会有一段缠绵悱恻的故事。有些情，短时间可以控制不会爆发，沉寂一生需要何等的毅力与克制。更何况，吕碧城对英敛之是那般的崇拜，也是那般的感激，她不可能长期面对这样优秀的男子而无动于衷。英敛之是吕碧城走出家园后遇到的第一位男子，也是她生平遇上的第一个神貌相合的男人。他们办事风格相似，性情又那样合拍。以至于多年以后，有人提起这对璧人，都为之惋惜。英敛之如果有了吕碧城这样的人生伴侣，他的事业应该会如虎添翼。可惜，造化弄人，一场误会就让他们各奔前程。

两人分道扬镳，吕碧城曾经心痛到无以复加。如果他们之间没有深深的爱意，碧城怎么会在多年以后，两人之间形同陌路时，还屡次找机会登门

拜访，是弥补，还是思恋，谁又能说得清。但凡女子都有初恋情结，只不过，有些情处于朦胧阶段，还没来得及表白就已经烟消云散。如果说每一位女子都有一段初恋，那么英敛之应该是第一个让吕碧城为之心动的男人。他儒雅有才，而且又有男子汉风度，吕碧城不可能没有幻想过，与他有一段未来。只是时局不稳定，英敛之又已有家室，他们就这样错失于茫茫人海中。

翻阅吕碧城资料的时候，一直很迷惑，这样一位让众生倾倒的绝色女子，怎么会没有一段如花似锦的婚姻。当静下心来仔细推敲的时候才明白，像吕碧城这样的女子没有走进婚姻，是有原因的。年轻女子的感情被男人一伤再伤，她不得不变得小心翼翼。汪姓男子悔婚，理由是那样的荒唐，让吕碧城感受到身为女子的悲哀。与英敛之的一场眷念，终因为办学意见不一，而各奔东西，再一次让吕碧城感受到心痛。男人既然不是女人的依靠，那女人又何必把青春浪费在他们身上。吕碧城是特立独行的女子，她或许没有这样的感伤，但相信一定会有这样的感悟。

一位风华正茂的年轻女子，哪里经得起情感上的一再感伤。也许吕碧城早已经把汪姓男子的模样忘记到九霄云外，而英敛之是不可能忘记的。她知道英敛之爱过她，虽然没来得及表白，两人之间就出现了裂痕。面对英敛之的转身，吕碧城有种抽丝剥茧后的心痛。难道她又一次错了？英敛之抽身离去，如同汪姓男子家人一样，又让她看到了惧怕？吕碧城是理性之人，她一定有过许多次这样的思考。她明明不想伤害任何人，可偏偏伤害就这样不期然地发生。

吕碧城心痛至极，也许她永远不会知道英敛之也曾经心痛过，面对心爱的女子，男人除了包容她的任性，还能有别的选择么？一段情就这样结束了，无论他们之间有没有爱情，他们已经互相伤害了对方，而且来不及弥补，岁月就让他们渐行渐远。英敛之走得决然，以至于多年以后，吕碧城登门拜访，他还有一些凄然的冷淡。爱有多深，恨就有多深，由英敛之对吕碧城的介意来看，可以反映出英敛之用情比吕碧城要深。他之所以转身匆忙，是因为不想让自己做更多的徘徊，不想让吕碧城看到他心口的疼痛。他当时的心情极为复杂，面对这样的女子，不放手又能怎样？像吕碧城这样优秀的女子，终归不可能长期陪伴左右。

有些情，一旦被伤害过，就再也回不到从前。初恋无论结局如何，都让人刻骨铭心。与汪姓男子的婚约，根本没有爱的成分，那只是好事者开的一个玩笑。那么与英敛之呢？我以为，如果非要给每一位女子一段初恋，那么英敛之应该是吕碧城这一生中爱上的第一个男子。虽然没有花前月下的浪漫，更没有山盟海誓的承诺，但他们一定缄默于心，彼此深爱过。由他们转身的背影可以看出，由多年以后他们的书信中可以看出。当谁也说服不了谁的时候，天各一方也许是他们最好的归属。

有一种女子，无论世事如何变迁，她总是活得那样清醒与孤傲。她有可能会爱上某一男子，但一定不会为爱而疯狂。她不会把自己逼得一无退路，她要做自己命运的主宰者。所以宁可穷尽一生，也绝不会为某一人转身，轻易改变人生的航程。吕碧城与英敛之互相伤害过，他们之间有最深的情，亦有最深的痛。尽管后来吕碧城做生意赚得了大笔财产，也遇上一些优秀的男子，但她仍旧恋恋不忘英敛之这个曾经给予她帮助的男人。如果一切可以从来，如果一切都能回到从前，吕碧城与英敛之会不会有一段佳话为世人相传？我想，大概也不可能。以吕碧城桀骜的性情，她不可能为某一男子轻易改变自己。我们唯一可以肯定的是——他们曾经彼此深爱过，英敛之是吕碧城爱上的第一个男子，而吕碧城是英敛之为之心碎的女子。

第三章

女子双侠——张扬女权结交一段佳话（秋瑾）

吕碧城与秋瑾在茫茫人海中相遇，她们的情谊是平等而默契的。秋瑾的死，对吕碧城的触动很大。清廷已经在缉拿秋瑾的同党，而吕碧城却冒着杀头的危险，去掩埋她的尸体，这是超越生死的情义。

1. 惺惺相惜

两个“碧城”，一个天津，一个在北京，相距一百多公里。因为文字，她们结下了不解的情缘，一百多年以后，还被人们口口相传。那是一场文学的盛会，更是一种精神上的慰藉。

每个女人都是脆弱敏感的，聪明如吕碧城，虽然她与英敛之的这份情谊没能善始善终，但从不会把表情挂在面上。如果你真的对过去无法释怀，还不如学会放下，重新开始一段旅程。碧城那时也许已经放下了过往，但是动乱的时局却让她那份本以安定的心绪再起涟漪。因为秋瑾的被捕与牺牲，差点给她带来杀身之祸。碧城敏感地嗅觉到当局的意图，虽然激流勇退，但终究还是招惹出了一大堆的麻烦。

但凡女子，都有三五知己或知心闺蜜。有些话对着家人长辈不便说，但对着知心朋友可以侃侃而谈。女人生来是赋予灵性而感性的，她们与男人最大的不同之处——男人是视觉动物，而女人是听觉动物。男人喜欢把情绪藏在心里，而女人喜欢把情绪挂在脸上。男人交朋友很直接，一杯啤酒，几粒花生米，就能够让大家找到共性。而女人喜欢观望，性格不是一下子考察出来的，所以就观其外表，衣服、鞋子、发饰这些都可以让她们找到共同的话题。秋瑾与吕碧城的相识，来源于名字，只因为她们有一个共同的名字——碧城。

秋瑾是浙江省绍兴府山阴县人，1875 年 11 月生于福建省厦门。初名闺瑾，喜欢用笔名“碧城”发表文章。婚后随丈夫王子芳住在北京，王子芳当时在清廷度支部，也就是以前的户部谋差。两个“碧城”，一个天津，一个在北京，相距一百多公里。因为文字，她们结下了不解的情缘，一百多年以后，还被人们口口相传。那是一场文学的盛会，更是一种精神上的慰藉。因为对当局的不满，让两个思想前卫、义气相投的女子成为莫逆之交。

秋瑾（1905）

有人说，所有的情谊中，异性的感情最为深厚与悠远。不会争风吃醋，也不会彼此出卖。而我以为，同性之间的情谊远比异性更加深远与纯洁。因为简单，所以轻松。无论是异性情谊，还是同性之间的友情，她们必然有一些共同的特点，除了关心、信任与真诚，还必须有共同的爱好与理想。同看一本书，同品一壶茶，同赏一幅字画，时间在静静地流淌，突感时间过得真快。想起的时候，无须约定，她走了，你也走了。她来了，你也来了。各忙各的时候，彼此无须过多交集。一封信，一个电话，发发呆，说说话。淡如素菊，又彼此牵挂。

那时候，秋瑾远在北京，认识了王子芳同事的妻子吴芝瑛。吴芝瑛是吴汝伦的侄女，安徽桐城人，出身书香门第，博览群书。在吴芝瑛的家中，秋瑾接触到大量进步书籍和报刊，思想上也越来越趋向于革命，行动也越来越富有激情。因为诗写得好，人漂亮又豪爽，秋瑾在北京南方文人的圈内很有一些小名气，常以“碧城”为号写一些诗文在圈内流传。当吕碧城的诗、词、文不断在《大公报》推出的时候，秋瑾看到另一个“碧城”佳作叠出，很震惊，很快就成为吕碧城的“粉丝”。

读过钱钟书的《围城》，说男女如果想发生恋情，借书给彼此看是最好的借口。因为在一借一还中，会有两次机会接触对方。书籍是人类灵魂进步的阶梯，通过文字我们可以看到不一样的世界，也可以认识不一样的人。秋瑾对吕碧城的认识，不是靠借书还书，她们是靠文字产生的神交。彼此之间的惊叹，不亚于男性对女性的赞美。彼此之间的佩服，不亚于一个大男人对小女子的崇拜。不需要太多的言语，她们就这样走近了彼此。

一直以来，很佩服一种感情。分开是个体，聚在一起就成了团体。能发现彼此的优点，又知道彼此身上的缺点。有人说这样的感情只有在连体人身上可以印证，但其实，连体人是分歧最大的，他们之所以能在一起，因为别无选择，迁就彼此才能成就对方。初读吕碧城的文字，那时的秋瑾，心理就有一股强烈的念头，这样的女子与自己太相似，当不容错过。有时候，我们不得不承认缘分的奇特，像风与叶子的故事，风无心吹过，叶子却拼命追随。

1904年6月10日，秋瑾与吕碧城在《大公报》公馆会晤。资料中是这样记载的：头上梳一个女人的发髻，身上却一袭男人打扮，穿一袭长袍马褂，看起来风流倜傥，把一帮男编辑看得一愣一愣的。秋瑾见到吕碧城之后，没想到碧城如此年轻，也如此漂亮。一叙之下，得知吕碧城比自己小九岁，更是啧啧惊叹。当晚，吕碧城邀请秋瑾留宿自己屋内，彻夜长谈，直至天明。

两人谈些什么，资料中并没有提及，不过可以推断的是，双方都是有主见之人，秋瑾想以自己的革命主张说服吕碧城；吕碧城也以自己的改良和立宪思想说服秋瑾，只不过谁也没有成功。秋瑾劝吕碧城跟她一起去日本从事革命运动，而吕碧城“持世界之人，同情于政体改革”，表示愿意继续留在国内办报,以“文字之役”与秋瑾遥相呼应。结果是秋瑾独自去了日本，参加了孙中山先生领导的同盟会。

女人与女人的交往是微妙的，有时候，灵魂相通，并不代表灵魂相随。吕碧城与秋瑾之间最大的共性——都是站在时代前沿观察人生、女权思想激烈之人。她们都是有理想有抱负的女子，并且都有见地。性情相似，但不能代表观点相同。有时候心性相通，妥协更成为一种障碍。吕碧城与秋瑾谁也说服不了谁，唯有惺惺相惜，彼此遥望，像两条河流，都有渊源，你的在那头，她的在这头，在岁月长河里奔腾不息，期盼着有一天能汇流成川。我想，如果不是在那个风雨飘摇的年代，吕碧城与秋瑾联手，一定能书写出中国女性历史的新篇章。

2. 秋风秋雨

相遇是缘起，相识是缘续，相知是缘定，相离是缘尽。同性之间的友情尤让人珍惜，洁净得无所顾忌。人生如戏，戏如人生，当一个脆弱的生命来到这个浑浊的世界，注定了充满劫数。

每个人来到世上，都带有自己的使命。有人为自己而活，有人为别人而活。有人为梦想而活，有人为真理而活。前尘似梦，尽管我们知道活着很累，梦飘渺得虚若尘埃，经不起岁月的推敲。多数时候，是我们一厢情愿，打着爱的名义，听从内心的召唤，在滚滚红尘里辗转不息。到底是为自己，还是为别人，谁又能分得清？活着很累，死亦不能解脱。上帝如果在“生”

与“死”之间留一线希望，多数人会选择活着。并非好死不如赖活着，而是我们的本能——至死不忘红尘中的那点温柔。春暖花开的暖，炎炎夏日的热，暮秋时节的获，山寒水冷的静。

秋瑾与吕碧城匆匆别后，不久便东渡扶桑，开始了她的游学生涯。据资料记载，秋瑾那时说是游学，其实是去参加了同盟会。距离并没有让她们陌生，反而越来越近。1904 年 7 月中旬，秋瑾在日本给吕碧城寄来了信件。7 月 22 号，吕碧城在《大公报》“中外纪事”栏目回复她说：浙江秋旋卿女士，自号鉴湖女侠，感慨激昂，不见须眉。素悲中国教育之不兴，国权不振，以振兴女学为栽培人才之根本。

这段话似曾相识，相同的境界，相同的性别。在之前，这些也曾经是别人写给吕碧城的评价。秋瑾在日本的那段时间，给吕碧城写过很多的信，而碧城是每封必复。自此，吕碧城与秋瑾书信不断，直到秋瑾在绍兴遇害。有资料记载，碧城初认识秋瑾时，是极为骄傲的。她不仅在容貌上比秋瑾更胜一筹，还有她的文采。秋瑾与碧城第一次见面，就因为佩服她的文采，而主动表示——不再用“碧城”之名发表文章。由这点可见，秋瑾对吕碧城是由衷地佩服。

相遇是缘起，相识是缘续，相知是缘定，相离是缘尽。同性之间的友情尤让人珍惜，洁净得无所顾忌。人生如戏，戏如人生，当一个脆弱的生命来到这个浑浊的世界，注定了充满劫数。爱人可以挑选，朋友可以挑选。唯有做人子女与父母，别无选择。无论你愿不愿意，在生命降临的瞬间，就与你一脉相承，命运相连。吕碧城与秋瑾在茫茫人海中相遇，她们的选择是平等而默契的。然而命运之神残酷至极，偏偏不让她们的友谊长存世间。

1907 年 1 月 14 日，《中国女报》（第一号）诞生。主要撰稿人有秋瑾、陈伯平、吕碧城、陈志群、钝夫、黄公、燕斌等，但文章大都出自秋瑾之手。创刊号首页署名“鉴湖女侠秋瑾”的《中国女报发刊词》《敬告姐妹们》和吕碧城撰写的《女子宜急结团体论》等文章都极具号召力。《中国女报》最后因为经费困难、秋瑾奔走革命而停刊。她还在绍兴创办大通学堂，联络各地会党，准备浙皖两省起义。但因为信仰的不同，面对秋瑾的壮举，吕碧城除了给予精神与文字的支持外，并没有与她有过多的关联。

《中国女报》

不同的信仰就如同生活中的两条平行线，可以陪你无限延伸，但不可以相交。像两棵树，观望，陪伴，但始终保持着各自的姿势。这年六月初六，秋瑾因徐锡麟安庆暴动一事被捕，很快被杀于绍兴古轩亭口。吕碧城在听说秋瑾被杀一事后，用英文写了《革命女侠秋瑾传》，发表在美国纽约、芝加哥等地的报纸上，叙述了自己与秋瑾的交往，表达了悲伤，也表达了一些困惑。清政府在审理“秋案”中，从大量的文稿、信函、电文中得知吕碧城、吴芝瑛等与秋瑾来往甚密，认定她是同党，遂由浙江巡抚衙门禀报京师的法部，要求批捕吕碧城。

文字是心灵深处声音的流露，不得不说，吕碧城对秋瑾的死感到心痛与无奈。除了用文字寄托她们之间的友情，再也找不到比这个更好的方式。秋瑾在离世前，曾经留下“秋风秋雨愁煞人”的名句。吕碧城想起了她们曾经同榻而寝的情景，秋瑾的一双“解放脚”犹在眼前。她在文字中是这样形容的——余睡眼蒙眬，睹之大惊，因先瞥见其官式皂靴之双足，认为男子也。彼方就床头庋小奁，敷粉于鼻。嗟乎！当时讵料同寝者，他日竟喋血饮刃于市也？

秋瑾的死，对于吕碧城的触动很大。一位既漂亮，又有才气，且有胆识的女子，就这样香消玉殒。一想起这事，吕碧城对于人生又增添了一些虚幻感。无论哪一个女子，外表有多坚强，有多豪迈，但内心总是虚弱的。所谓的坚强，只不过是遍体鳞伤后的麻木与怅然。人，生存于世，就需要正确面对人生百态。如果清楚自己想要什么，有计划地努力过，就算牺牲也是无怨无悔。

清廷对革命党人的大肆批捕，祸之所殃，给吕碧城带来了极大的压力。有一段日子她诚惶诚恐，心里惴惴不安。特别是吴芝瑛被关入狱后，她更是心灰意冷。对清朝的政界失望之余，常常以酒消愁，用填词来消除愁怀。她在词作《声声慢》中写道：

听残腊鼓。吹暖饧箫，凤城柳弄轻烟。检点春衫，宵来换了吴绵。啼莺唤愁未醒，锦屏深、惯倚恹恹。朦胧语，问人间何世，月地花天。

还剩浮生几日，尽伤心付与，浅醉闲眠。无赖斜阳，为底红到楼边。繁香又都吹尽，费冰毫、多事题笺。人空瘦，到明朝、怕启绣奁。

“还剩浮生几日”，写出了一个年轻女子的无奈与忧愁。人的恐惧感来自对生命的敬畏，有时候，并不是对生命的不舍，而是对生活的不甘。老农种田，撒下种子，施完肥，就希望能看到收成。在人生的舞台上，奋斗过，付出过，谁愿意就这样凄然谢幕，而且是死于非命？秋瑾为了理想付出了年轻的生命，也许有人会为她不值，放弃大好年华，优越的家世，就这样撒手人寰。而我以为她是值得的，她的死，给人们留下了永垂不朽的记忆。生命的意义不是你得到了什么，而是你留下了什么。

3. 一念之间

有人说理想很丰满，现实却很骨感，生活真的是这样。人之所以虚弱，因为梦想总与现实冲突。理想在梦中，可以随心所欲，如果真的要破土萌芽，必定有一阵撕心裂肺的剧痛。

女人生存的方式很多，有些人喜欢在闹与静中求平衡。而有人喜欢静静地待在家里，相夫教子，把自己与外面的世界划一道屏障，她走不出去，别人也进不来。而有些女人，注定是为天空而生，在阳光下追梦，就算待在家里，文字也能一石激起千层浪。吕碧城与秋瑾都有英雄情结，她们不可能成为优秀的家庭主妇，所以她们注定不能成为平庸的女子。性格决定命运，女人拥有才华，不一定能拥有洒脱。只有洒脱桀骜之人，才能做出惊天动地的壮举。

每个时代都有成就名人的方式，我以为锋芒太露，是不可取的。每一条生命都值得珍惜，无论是草木山川，还是飞禽走兽，他们都带有与生俱来的使命。黑格尔说过，存在即是合理的。虽然所有的生命，最后结局都离不开死亡。在万籁俱寂的夜晚，我们对灵魂作一次深刻的探讨。有谁能让你义无反顾，奉献自己的生命。有哪一种追求，让你感觉就算搭上性命，也在所不惜？仔细思考后，蓦然觉得自己很无趣。并非我们怜惜生命，而是觉得生命只有一次，失去了，我们还拿什么奉献自己？拿什么来作追求的资本？拿什么给亲人一个交代？

人总有一死，或重于泰山，或轻于鸿毛，这是对生命客观的评价。秋瑾为革命，奉献了自己年轻的生命。身不得，男儿烈；心却比，男儿烈。秋瑾的死唤醒了一批革命者，她的死重于泰山。吕碧城与秋瑾最大的不同之处在于——一个是“铁血英雄”，一个是“文人英雄”。秋瑾死后，因无人敢收尸，吕碧城做出了惊天动地的壮举，竟然冒着被牵连的风险，去安葬了秋瑾。

清廷已经在收捕秋瑾的同党，而吕碧城竟然冒着杀头的危险，去掩埋她的尸体，这不得不说是一种壮举。并非吕碧城不怕死，也并非她把生死置之度外，而是她们的情谊太过真切，秋瑾不能入土为安，吕碧城心里不安。也许是吕碧城与秋瑾来往的信件过于频繁，又或许是吕碧城斗胆安葬了秋瑾，她最终引起了清廷的不满，被当成是秋瑾的同党对待。秋瑾被害，吕碧城第一时间由报上看到了有关消息，联想到自己几年来与她交往的过程和共同的理想，不禁悲从中来，她在《蝶恋花》一词中写道：

寒食东风郊外路，漠漠平原，触目成凄苦。日暮荒鸱啼古树，断桥人静昏昏雨。

遥望深邱埋玉处，烟草迷离，为赋招魂句。人去纸钱灰自舞，饥乌共踏孤坟语。

字字悲戚，思恋之情无以言表，唯有用文字来寄托哀思。吕碧城的志向不仅在于教育，还有振兴国家的宏愿。在她的许多文章中，都谈到怎样建立一个强国，而解放妇女、男女平权是她的愿望。她希望用自己的力量影响世人，济世救民。秋瑾的死无疑给了她沉重的一击，让她感到绝望与心痛。总感觉自己时日不多，有天会追随秋瑾而去。在她心灰意冷的时候，多亏了袁世凯的二公子袁克文在暗中帮忙，才侥幸未被牵连入狱。

有人说理想很丰满，现实却很骨感，生活真的是这样。人之所以虚弱，因为梦想总与现实冲突。理想在梦中，可以随心所欲，如果真的要破土萌芽，必定有一阵撕心裂肺的剧痛。秋瑾的死给了碧城沉痛的一击，又一次让她看到朝廷的腐败与血腥。人为什么喜欢做梦，因为梦里繁花似锦，没有痛苦与杀戮。可以无拘无束，与相爱的人相守百年。现实在梦想中凋零，无论多么悠然的梦想，总有清醒的一天。

人无论承受多少痛苦，但必须勇于面对现实。吕碧城一直是意气风发之人，但这一次让她看到了恐惧，夜已经够黑了，而黎明前的曙光依然沉落。她万万没想到，她与秋瑾站在时代的前沿，没有成为一代引领者，却招惹了杀身之祸。幸亏她声名在外，有袁克文的关照。严复曾在书中记录说："自秋瑾被害后，碧城亦为惊弓之鸟矣。"

生与死，有时就是一念之间。吕碧城并不惧怕死亡，但如果就这样追随秋瑾而去，她肯定不甘心。一个人的死亡，没有唤醒一代民众，而成为那个时代的牺牲品，这样的结果想来谁都不能接受。而秋瑾去得那样的决绝与坦荡，李钟岳抓捕她的时候，她就知道自己难逃一死，在临刑前，她对李钟岳提了三个条件：第一，不枭首示众；第二，不许剥她的衣服；第三，会见家属。除了第三条之外，李钟岳全都答应。据说，当时李钟岳的心情极为复杂，身为七品县令的他，佩服秋瑾的人品，认为她罪不该死，差点动了恻隐之心。

碧城与秋瑾的理想大抵相似，但追求的路线却大相径庭。如果说碧城有些锋芒，那么秋瑾应该是锋芒毕露。与秋瑾直率的性格相比，碧城要温和很多。也许是因为有秋瑾作前车之鉴，吕碧城自从经历了死亡的惊吓后，性格收敛了许多，做事也圆滑了许多。

4. 化险为夷

素暖薄凉，流年独殇。在荒凉的绝径上拾起一片落枝，捧在手心，插在花瓶。不经意间，竟然存活，并且吐露出淡淡的绿。面对那一抹新芽，突感人间还有温暖。阳光从来都在，只是被阴郁笼罩了光华。

秋瑾出生于官宦家庭，父亲秋寿南在福建提督门幕府任内，以劳积保知县，分发台湾。1896 年，由父母做主与湖南省双峰县荷叶神冲老铺子富绅子弟王子芳结婚。按理，秋瑾出生于官宦世家，又有良好的教育环境。她应该属于知书达理，轻言浅笑，以伶俐女子赢得大家的赞美。长大了，嫁一位好夫婿悠然度过此生。事实上，她的人生轨迹就是这样的。她的逆袭，是在有了婚姻以后。资料无从查证，妄自猜测一下，让一个有了婚姻的女人，义无反顾地选择了激进主义思想。要么是对婚姻的失望，要么与环境相关。

婚姻于女人，有时就是全部。它能给女人带来无限遐想，以至于因为对未来的憧憬，而忽略了生活的本质。脆弱的婚姻经不起人间烟火的熏染，情感原本的洁净，随着两个人的靠近世俗起来。仙子蜕变成村姑，这是婚姻里常见的情景。女人需要不断地给自己的爱情一些温度，让婚姻的保鲜期长一些，更长一些。而有时候，却适得其反，男人的温度会随着女人的不断加温而逐渐消失。

一个好的环境就仿佛一个好摇篮，安然入梦，梦也甜蜜。秋瑾的改变应该不完全在婚后，婚前即有迹可寻。还记得她与吕碧城第一次同榻共寝的情景，秋瑾的一双“解放脚”吓了吕碧城一跳。由这件事情可以反映出，秋瑾小时候就非常有思想，比吕碧城觉悟得更早。婚后，秋瑾常与唐群英、葛健豪往来，情同手足，亲如姐妹。经常集聚在一起，或饮酒赋诗，或对月抚琴，或下棋谈心，往来十分密切。后来三人被誉为“潇湘三女杰”。

唐群英

葛健豪

秋瑾的女权主义思想萌芽，应该是由童年的时候开始的。她对女子三寸金莲嗤之以鼻，认为那是落后与束缚的表现。男人是人，女人也是人，为什么女人就该保持莲步轻移的姿态，缓缓而行。事实证明，秋瑾所有的思想是对的，她是女权思想的启蒙者之一，也做出了表率。人们常说环境成就人生，秋瑾是一位不断完善自己的女子。从小出生优越，嫁的夫君富贵有余。她能与当时的封建势力作斗争，靠的是觉醒与顿悟。

从古至今，女子对男人的依赖是那么天经地义。总以为，男人是一棵树，女人就是树下的那块草坪。守着些许的阴凉，以为那就是全部。殊不知，树木也有干枯的时候。雨水消失的季节，树木的生命岌岌可危。聪明的女子，不会做树下的草坪，会选择做一株青竹。和树比翼相邻，以美妙优雅的姿势立于身旁。在风中瑟瑟和鸣，在雨中凄凄相守，在雪中净化心灵。男人可以依恋，决不能依赖。

秋瑾的死，让吕碧城看到了恐惧与绝望。女人力单势薄，推翻旧的封建王朝，不是她一个柔弱女子力所能及的。偷偷安葬秋瑾之后的麻烦，让她惊恐不断。如果不是袁克文在暗中相助，吕碧城一定不可能全身而退。她后来南游杭州，又拜谒了秋瑾墓，不禁感慨万端，作一首《西泠过秋女侠祠次寒山韵》，追怀这位志同道合的挚友：

松篁交籁和鸣泉，合向仙源泛舸眠。负郭有山皆见寺，绕堤无水不生莲。

残钟断鼓会何世，翠羽明珰又一天。尘劫未锁渐后死，俊游愁过墓门前。

人寂寞久了，总想在旅途中寻找到随行者。没有人会陪你一生，只有人会陪你一段。一段一段的记忆，串起来就是整个人生。秋瑾的牺牲，差点给吕碧城带来毁灭性的灾难。锋芒毕露的她，不得不收敛了棱角，以温润婉转的姿态面对世人。袁克文给袁世凯写信，希望父亲能助吕碧城脱险，并阐明逮捕碧城的利弊。吕碧城是天津创办的公立女学堂聘来的新学人物，怎么可以随便抓捕。袁世凯权衡再三，认为吕碧城是自己将来要重用的人，而且是难得的人才，如果被抓走，不仅有伤面子，也会给政敌以把柄。当知道是因为袁世凯欣赏她的才华，而让她免入牢狱之灾时，吕碧城感激涕零。

民国初年，任袁世凯机要秘书时的吕碧城

每个人都想以自己的真性情来面对世人，清高一时，孤僻一生。这是一种俯瞰众生的姿态，清醒地凌驾于世俗之上。红尘多难，姿态优美曼妙，怎敌得过现实那风云多变的世事。素暖薄凉，流年独殇。在荒凉的绝径上拾起一片落枝，捧在手心，插在花瓶。不经意间，竟然存活，并且吐露出淡淡的绿。面对那一抹新芽，突感人间还有温暖。阳光从来都在，只是被阴郁笼罩了光华。所有的暖，都需要有心情来品尝。

人生没有绝境，所有的狼狈都是一意孤行的结果。克己才能克人，人只有战胜了自己，才能克服所有的困难。所谓的锋芒，只是率性的表现。当锐气消失，锋芒自然随之消失。吕碧城因为与秋瑾的一段情缘，差点使自己陷入绝境。又因为出众的文采，有了袁克文这样的崇拜者，为她赢得了生机，化险为夷。生活像山峰，只要你勇于攀越，就没有过不去的坎。情感亦是，困难亦是。

第四章

师生情缘

——教学相长偶遇男女暧昧（严复）

吕碧城与严复相遇，像寂寞中滋生的一种暖，又像两本书的靠近。在严复眼里，吕碧城像一本充满理性的故事书，让他爱不释手。而在吕碧城眼里，严复像一本教科书，里面有高深的学问，让她望尘莫及。

1. 素墨淡笺

人生难得一知己，一起对酒当歌，一起坐而论道。聆听着彼此的心声，像久违的朋友，等待了许多年，因为修炼不佳，不能结为伴侣，做彼此的红颜补足人生的遗憾。

一卷书的故事有多动人，源于看书人对生活的感知。同样的月光，有人喜欢它的凄美，有人却喜欢它朦胧的剪影。同赏一片春色，有人听到花开的声音，有人却浮光掠影，一眼而过。保持内心的宁静，闲谈莫论人是非。静立窗前，对远方作一次祷告，作一次心灵的洗礼。一切都会过去，一切都会开始。花开花谢，潮起潮落。素墨淡笺，与你相约。轻描淡写，简约成章。永远太遥远，只恋今生。

有人说，人生如四季，色彩分明，温度不一。幸福的人总能感受到大自然的赐予，春的温润，夏的明媚，秋的丰满，冬的宁静。内心浮躁浅薄之人，对生活充满了抱怨。相同的环境，相同的境遇，而感受截然不同。你我天各一方，近在咫尺，远在天涯。与你隔着世间最美好的距离，却与你有着最曼妙的邂逅。吕碧城与严复，两个年龄相差近三十岁的男女，在清末民初的年代，演绎了一场人生最华美的邂逅。

严复出生于1854年1月，福建侯官人。是中国近代启蒙思想家、翻译家。他系统地将西方的社会学、政治学、政治经济学、哲学和自然科学介绍到中国，他的译著是中国20世纪最重要的启蒙译著。严复的翻译考究、严谨，每个译称都经深思熟虑，他提出的“信、达、雅”的翻译标准对后世的翻译工作产生了深远影响。吕碧城在筹办女子公学的时候，与他相识。1907 年，严复应学部之召，由沪赴京参加第二届游学毕业生考试。他携外甥女何纫兰一起北上，途径天津时下车逗留两日，特意安排何纫兰与吕碧城相识。

严复

在旁人眼中，这也许是一次单纯的造访，严复想把外甥女何纫兰介绍给吕碧城认识，让她们成为很好的朋友，互相学习。也许事情就是这样简单，出于一个长辈对晚辈的关心。可惜很多时候，爱情是不受年龄辈分约制的。爱得突如其来，爱得无法自控。但严复是有学问的长者，有大家风范，不会轻易去泄露自己的情感。而吕碧城对爱情越来越怜惜，与英敛之的一场眷念最后变成分道扬镳，让她对爱情愈加心灰意冷。

通常情形，爱一个人，最好的结局是得到和拥有，之后相守到老。但对于错过时间，错过地点的爱情，不得不慎重考虑。严复对于配偶的要求很高，由他身边的女人可以看出他处世的态度。他有两妻一妾，原配过世后，他娶了小他二十六岁的江莺娘为妾。都说男人喜欢年轻女子，但严复对这个比自己子女都年轻的女人就是爱不起来，原因是江莺娘不识字。由严复对待小妾的态度可以看出，男人爱一个女人，并非只有年轻就够了，他们更加渴望与配偶能有精神上的共鸣。

无疑，像吕碧城这样才貌双绝的女子，在男人眼里算是稀世之宝。都说爱情可以穿越时空，不受年龄与地位的限制。但爱情是双向选择，落花有意流水无情，这样的感情让人徒伤情感。像吕碧城这样灵气逼人的女子，严复深感佩服，她像高山上的白莲，珍惜都来不及，哪敢轻易占有。吕碧城心高气傲，圈内人早已共知，得到并非容易，放弃更是不舍。有时候，男女之间，如果不能达到纯粹的身心合一，那么能够在精神上产生共鸣，对人生来说，也是一种莫大的安慰。

情感的高贵之处在于，爱一个人，没有身体的结合，只有心灵的感知，天各一方却能彼此情意相通，这应该就是所谓的红颜知己。人生难得一知己，一起对酒当歌，一起坐而论道。聆听着彼此的心声，像久违的朋友，等待了许多年，因为修炼不佳，不能结为伴侣，做彼此的红颜补足人生的遗憾。冲冠一怒为红颜，千古红颜为君笑，这些精美的句子，道尽了红颜的珍贵。古人常说：千金易得，知己难求！对于爱情，只要两性相吸，彼此就能点燃。对于友情，只要聊得来，谁都可以是朋友。但知己——是真正的千金难买，万金不换！古人也曾长叹：相交满天下，知心无一人！

关于爱情，人们有许多的遐想。人，这一生至少要轰轰烈烈地爱过一次，才能无愧于作为人在世上走一遭。有些人不敢爱，因为怕身心俱疲。有些人想爱，却找不到相爱的理由。有些人爱了，却散了。有些人没爱，却一辈子牵挂。一场婚变，让吕碧城看透了世态炎凉。爱情虽不如镜花水月般浅薄，但也不过是浮萍寻根般无奈。两个人在一起就该落地生根。君生我未生，我生君已老，这句话也许可以诠释碧城与严复没有走到一起的原因。

2. 欲说还休

一本好书，并不是人人都会喜欢。有人喜欢儿女情长的言情，有人喜欢时过境迁的历史，有人喜欢充满浪漫的童话。书的本身无关好与坏，只要你愿意用心读下去，那里面一定有你为之怦然心动的情节。

曾经有多少女子信誓旦旦，此生终身不嫁。最后嫁了，而且嫁得义无反顾。誓言如神话，经受不起人性的考验，举着幌子哄骗那些跃跃欲试的善男信女，吓退了胆小的，成全了胆大的。假如有一段恰如其分的缘分，你我正好又独倚红尘，傻子才愿意独善其身，望而止步。宁缺毋滥的爱情是一种修为，如果此生遇不上生命中的缘，孑然一生未尝不是最好的结果。素暖薄凉，把所有的缘分写给时间，静等那一树花开。把最美丽的瞬间，留给最挚爱的人。一夜荼靡，虽不是最好的期待，但也是美丽的绽放。如果有缘，有人会踏歌而来，迎娶最美的新娘。无缘两厢互道珍重，今世不相见，来世也不必相逢。

都说吕碧城活得太清醒，所以这一生都在等待。英敛之是她情感里的过客，匆匆而来，匆匆而去。眷念——让她学会了成熟，找到了自我。严复也不是她的真命天子，亦不能成为她最终想要的依偎。但感情就是如此微妙，当爱情真的无所寄托时，在心目中虚构一个可亲可爱的人也未尝不可。在当时的情形下，吕碧城对严复的感情，应该是依照由敬而爱的秩序循序渐进。孤单久了，有时难免会在红尘里找些寄托。吕碧城没有找到人生的至爱，但因为认识严复，她从此不再孤独。虽不能两情相悦常伴左右，但那也是一场诗情画意的精神之恋。

天津相别的翌年7月30日，严复应杨士骧之聘，由上海来天津任总督府顾问，到河北学务公所提学司与卢木斋同住一处。听到这一消息，吕碧城即到严的住处拜访。严复因初到天津，除了见客外，日惟看书闷坐。在不到半月的时间里，与吕碧城约谈五六次。严复称吕碧城——高雅率真，明达可爱，携收为女弟子。以严复当时的身份，想作他弟子的人一定如同过江之鲫，目不暇接。与吕碧城相谈几次后，就主动收她为弟子，可见严复对碧城是有偏心的。

杨士骧

不是每一个女子都值得男人偏心，有时候，精神上的依偎比情感的需求更让人期待。人到了一定年龄，由出生时的一张白纸，变成了一本厚重、情节丰富的故事书。能与之产生共鸣相互依偎的，一定是对书里的故事情节爱不释手之人。每个人都想找一个能读懂自己的人，携手红尘，漫步人生。一本好书，并不是人人都会喜欢。有人喜欢儿女情长的言情，有人喜欢时过境迁的历史，有人喜欢充满浪漫的童话。书的本身无关好与坏，只要你愿意用心读下去，那里面一定有你为之怦然心动的情节。

诚然，在严复眼里，吕碧城像一本故事书，让他爱不释手。而在吕碧城眼里，严复像一本教科书，里面有高深的学问，让她望尘莫及。两本书的靠近，前者是喜欢，后者是崇拜。他们用各自的思维来读懂对方，这应该就是所谓的缘分。严复收吕碧城为弟子，无疑是对她最高的奖赏。第一，肯定了她的才华；第二，喜欢她的人品。而吕碧城有了严复这样知识渊博的老师，应该算是渴望以久的期待。

女为悦己者容，每个女子都希望能遇上欣赏自己的男人。孤芳自赏最心痛，谁愿意守着繁华，独品孤寂。红尘喧哗，融入其中你便有了欢乐。守着零落，只能品尝飘零。吕碧城认识严复，给她孤独的心灵带来了久违的慰藉。她是一本历经沧桑的书，写尽人间冷暖，世间百态。清醒后的脱俗，让她不能与凡尘世俗为伍。她需要一位能聆听、懂她的男人排解时局带来的愁绪。

严复一生阅人无数，与吕碧城相遇，令他遇到知音。吕碧城独爱书卷的素雅与淡然，与严复相识，使得她孤寂的心有如久旱逢雨露般滋润。虽然与严复不能开始一段人间烟火之恋，有这样一页记忆留在心中，也能温暖芳华渐逝的青春。没有承诺，没有期盼，吕碧城是懂严复的，严复亦是懂吕碧城的。不需要爱情，只需那种淡淡的默契温暖此生，足矣！

严复在婚姻自由方面虽固守旧法，但是大约自 1906 年开始，他对女子教育则积极提倡。在这方面与吕碧城、何纫兰都有关系。严复与碧城的交往对两人的思想均有影响。从吕碧城的角度来看，严复所译介的新观念对她有所启发，同时她在女子教育方面的努力也影响到严复对女性的看法。严复对妻妾的态度非常传统，然而对于下一代的“新女性”则有不同的期许，他虽反对婚姻自由，却提倡女子教育，由此充分显示严复思想中新旧交织的性格。

一代名家，能接受年轻女子的新思想，这绝不是表面的欣赏，而是由内至外的信服。充分证明了吕碧城在思想上的成熟，和她独特人格散发的魅力。严复因为受到吕碧城与何纫兰思想的感染，他一改旧式传统封建思想，从而对新女性思想有了期待。都说老派文人迂腐，但其实严复在观念上是前卫的。由吕碧城与严复的交往中，我们不难看出他们彼此的渗透。也许，在局外人看来，严复与吕碧城的交往里带有欲说还休的暧昧。而男女之间的交往，岂是一个暧昧可以解释得清楚的。

3. 读懂彼此

严复对吕碧城的情谊远非师生之情那样的简单，有一点点温暖，有一点点感动，有一点点暧昧。像远方的一盏灯，守候着，等你靠近。不是家的港湾，但是你人生的方向。

似水流年，我们遇见过许多人，看过许多风景，但真正能有多少人留在心中，又有多少风景值得我们驻足翘望呢！停留是因为那一缕温情，是突如其来的感动，还有内心的聆听。聆听彼此的心声，不为今世，不为来世，抓住那一抹温情，温暖记忆，温暖慢慢长夜，温暖那些孤单窒息的时光。幸福没有永远，当我们看不见未来的模样，还不如积攒一些短暂的幸福，

在时间长河里填满温馨的回忆。

男女之间，不是所有的激情都能转换为爱情，不是所有的爱情都能走向婚姻，不是所有的婚姻都有激情。情感就是一世的轮回，谁是谁的起点，谁是谁的终点，谁能分得清。人生若只如初见，何事秋风悲画扇。一段情，开始很容易，结束却很难。早知道是一段没有终点的恋情，还不如把所有的感情维持在最初的模样。如果你是一张白纸，自然有一支好笔来描绘。我们都愿意做那张白纸，只有那支笔值得考证。有些情相逢是一生一世，有些情相逢是半世离殇。

吕碧城早已拜读过严复翻译的英国生物学家赫胥黎的《天演论》，该书以“物竞天择”“最宜者存”“能群者存，不群者灭”的生物进化理论，阐述救亡图存的社会观念。吕碧城如鸿蒙初开，铭记于心。严复按语中那浓墨重彩的介绍，让她的视野更加开阔。严复的议论，不仅影响着吕碧城，也影响了传统中国整整一代的读书人。吕碧城是女权主义者，她的才华加上她的做派，让严复不得不对她另眼相待，打心底里佩服。

吕碧城与严复像两本书相遇，一个柔美有力，一个经纶满腹。她们都是有故事的人，经历千山万水，读懂社会的同时，也能读懂彼此。严复告诉吕碧城，英国逻辑学家和经济学家耶芳斯所教“皆师范生”，他撰写的《计学浅说》《名学浅说》最受学生欢迎，可惜那时没有中译本。不言而喻，严复为吕碧城打开了一扇深邃的窗户，让她见识了外国文学的博大精深。他们相识的另一层重大意义在于传播，思想文化的传播，精神文明的传播。

闲暇的日子里，两人在一起谈诗词，谈理想，当然也会谈儿女私情。吕碧城的婚姻自由观念，在得到严复赏识与赞同的同时，也让他担心。以旧式观念来衡量，女大当嫁，男大当娶，吕碧城二十五岁了，还待字闺中，这不得不让人不安。那时候，吕碧城因为女子公学的事情，与英敛之分道扬镳，而又与二姐吕眉生发生误会。性情清高寡淡的吕碧城，感受到从未有过的孤单。严复如父如兄如友般的关怀，如同一缕清风，吹开了她久违的心房。女人如花，是花总要绽放，主要看开在哪树枝头。

很多人走进你的生活，只是为了给你上一课，然后转身离开。虽然有些尴尬，但还是要感谢他给予的启迪。不是每一个身影都让人关注，不是每一个人都让我们记忆犹新，不是每一句话都值得我们反思。相对于转身离开的人，我们更应该感谢那些不离不弃的人，给你指点迷津，然后还能一路相随。严复对吕碧城的情谊远非师生之情那样的简单，有一点点温暖，有一点点感动，有一点点暧昧。像远方的一盏灯，守候着，等你靠近。不是家的港湾，但是你人生的方向。

严复知道吕碧城是好学之人，他以《名学浅说》为底本，排日到北洋女子公学为吕碧城讲解约两月之久。1909 年 2 月，《名学浅说》由商务印书馆出版。那些日子里，严复与吕碧城相谈甚欢。严复除了讲学，还劝吕碧城应该趁风华正茂才名俱得的时候早觅佳偶才对。面对严复的关心，在交谈中，吕碧城大有终身不嫁之意。为此，严复以诗《秋花次吕女士韵》相劝。

秋花趁暖开红紫，海棠着雨娇难起。
负将尤物未吟诗，长笑成都浣花里。
绿章乞荫通高旻，剑南先生情最真。
金盘华屋荐仙骨，疏篱棐几皆前因。
故山丛桂应好在，抽叶悬崖俯寒濑。
山阿有人从文狸，云旗昼卷声绰缥。
修门日远灵均魂，玉虬飞鸟还相群。
高丘无女日将暮，十二巫峰空黛翚。

君不见洞庭枇杷争晚翠，大雷景物饶秋丽。

湖树湖烟赴暝愁，望舒窈窕回斜睇。

五陵尘土倾城春，知非空谷无佳人。

只怜日月不贷岁，转眼高台亦成废。

女嬛琴渺楚山青，未必春申尚林际。

严复大量使用《九歌》《离骚》中的典故，来表达他对于二十五岁还没有找到情感归宿的吕碧城的怜香惜玉之情。由严复写给吕碧城的这首诗里，我们看到了怜爱，一个男人对女人的怜爱。这是一首抒情意味很浓却又委婉含蓄的诗，在严复诗作中显得有些独特。我想严复写这首诗的时候颇费心思，既要吕碧城感悟到他的关心与怜惜，又要看到他对她的满腔热忱。以严复当时的身份，他肯为女人作诗，可见该女子在他心中的地位是如何神圣。吕碧城聪明伶俐至极，严复用情至深，她由诗词里早已获悉。每一个女人都是感性的，这首诗的涵义不言而喻，一个男人对女人过分的关心，难免会让人心生误会。肯这样为女人费尽心思的男人，可不可以说，除了关心，里面还隐藏着浓浓的爱意？

老师劝学生早觅佳偶，岂知学生心事重重。面对如此有师德的长者，吕碧城怎么可能只有单纯的崇拜？严复虽然是思想家，但他的一生并不得意。一直都徘徊在政治的边缘，也难以说得上精神的独立自由。惨烈的戊戌政变和短命的袁世凯政府，使他觉得无所适从。从父母之命到纳妾，再到因书结缘的续弦鳏，复杂的婚姻生活，带给他无尽的烦恼。变化莫测的现实，使个体变得脆弱，后来蜕变成为一名诗人，在云烟一样飘过的岁月里，幽幽地叹息。除却学问与梦想，严复与吕碧城同为天涯沦落人。严复有了婚姻却不如意，吕碧城对婚姻过于淡泊，让他们在孤寂中彼此相怜。

4. 一米阳光

遗憾是一种美丽。知道没有明天，所以格外珍惜今天。不能把一生的时光交给对方，唯有用今天的相守来弥补明天的遗憾。

两颗孤寂的心，像两瓣飘落的花瓣，靠着相互的欣赏落入凡尘，拥有彼此的哀愁温暖余生，从此不再孤单。我们都喜欢珍藏，珍藏那些缠绵悱恻的日子，把美好的景物留在心中，不离不弃。在文字中寻找慰藉，用孤独排遣寂寞，与思恋相伴，用精神依偎，两个人的红尘，未尝不是人间最美好的画面。当寂寞已成习惯，忽然清风来袭，难免会让人臆想连篇。生活里的风波不止，在无数个风起云涌的日子里，成就了我们的今天。

生活是残酷的，它不会赐予太多诗情画意的日子，供人们消遣。所有的诗情画意，都是历尽艰辛换来的闲情。有人说，看男人最爱谁，可以由他奋斗与成功的时间段来判断。陪他奋斗的那个人，她是爱他的，但一定不是他最爱的。陪他分享成功带来的喜悦之人，一定是他这一生最想牵手之人。并非男人喜新厌旧，除却亲情，所有的情感都充满了变数。婚姻之所以完美，是因为有责任做牵绊。抛却羁绊，感情有时就是一个不断选择更新的过程。

严复的原配王夫人是佛门信徒，去世的前两个月，严复帮夫人抄《金刚经》。局外人都知道严复与王夫人感情很淡，因为他们长期过着聚少离多的日子。但严复是一个重情重义的男人，就算没有爱情，他们之间还有亲情。王夫人去世后，严复续弦小妾。江莺娘不识字加上性情刚烈，两人屡屡发生争吵，让他的情感得不到舒展。心灰意冷之下，最后又娶了二夫人朱明丽。江莺娘过门的时候才十三岁，可能是严复对她娇惯了一些，等到二夫人进门的时候，江莺娘总是醋意满腹，争吵愈来愈凶。

我们总误解了男人，以为他们都是以貌取人。但其实，男人更在意心灵的汇集，精神上的慰藉比身体的快感更能让男人迷恋。严复是性情温和的男子，字里行间都充满浪漫，可惜此生虽有三位不同年龄段的女子曾陪伴左右，但最终都不是他想要的眷侣。而吕碧城又何其不是如此伤感，与英敛之的一场眷念，最后分道扬镳，更是让她性情寡淡。如果婚姻不能成为男女最终的依靠，何不守身如玉，独善其身，让自己的思想来陪伴余生。严复的出现如同一米阳光，温暖了吕碧城久违的孤寂。孤立中的温暖，虽然如冬天的阳光极为短暂，但片刻的温情也会让人怀念一生。

徐志摩为了与林徽因长相厮守，与已有身孕的妻子张幼仪离婚，最后落下一个不忠不义的骂名。而他与林徽因的那段看似人间神仙眷侣的感情，随着梁思成的介入，最后也不了了之。有人说，爱情就当如徐志摩那般执著，就算撞得头破血流也在所不惜。而我以为，在情感里，责任应该占有主导地位。责任是我们与生俱来的使命，如果没有它的约束，势必会引发情感泛滥。河水泛滥，带来的是生灵涂炭；情感泛滥，会让人性变得血腥，面目可憎。

吕碧城与严复都是性情理性之人。两人的相逢，像两滴雨露重逢，彼此滋润着对方。像清风，吹开了彼此沉寂已久的心房。如果不是严复如此有责任心，如果不是吕碧城如此清高与洁雅，他们一定会有一段轰轰烈烈的爱情故事，供世人阅览与创想。爱，就要一生一世，如果不能给予，就不要幻想连篇。许多美好的爱情经不起责任的检验，最后无疾而终。不是不够爱你，而是不敢爱。我想，严复在吕碧城面前，一定有过这样的困扰。

严复的婚姻不算圆满，原配早逝，小妾又不能善解人意，经常与二夫人发生争执。严复在家的日子不多，为了避免家庭纠纷，他把江莺娘带在身边，而留朱明丽看守家园。尽管这样，最终还是没有避免一场分离。因为江莺娘的执拗，严复不得不与她解除婚约。而朱明丽虽然是识字之人，会操持家务，但终究在文字上不能与严复夫唱妇随，达到瑟瑟和鸣的状态。以严复的家世，金钱从来不是他匮乏的，他匮乏的是情感。他遇上了独立洁净的吕碧城，却望而止步，那是怎样一种怜爱？

遗憾是一种美丽。知道没有明天，所以格外珍惜今天。不能把一生的时光交给对方，唯有用今天的相守来弥补明天的遗憾。严复在女子公学讲课达两月之久，我们无法得知他们相处时的一言一行，但有一点可以猜测，他们是彼此吸引的。文字的吸引，思想的吸引，还有性别的吸引。严复一直对吕碧城的婚事颇为上心，而且关心超出了师生情谊。他在给何纫兰的一封信中，是这样评价她的：

> 碧城心高意傲，举所见男女，五一当其意者。极喜学问，尤爱笔墨，若以现时所就而论，自是难得。但以素乏师承，年纪尚小，故所学皆为成熟。然以比平常士夫，虽四五十亦多不及之者。此人年纪虽小，见解却高，一切陈腐之论啬唾之，又多裂纲毁常之说，因而受谤不少。初出山，阅历甚浅，时露头角，以此为时论所推，然礼法之士疾之如仇……

这封信有点长，后面还提到了秋瑾被害之后，吕碧城如惊弓之鸟。还提到了英敛之对吕碧城误会重重。这封信，与其说是严复对吕碧城的关心，还不如说成是一种呵护，一个大男人与小女子的呵护。碧城所有的痛楚严复都看在眼中，而且感同身受。一个残酷的现实摆在吕碧城面前，她想把女权主义思想发扬光大，那么就必须面对现实的挑衅。民国属于男权社会，吕碧城想要唤醒一代世人，单凭一己之力，是何等的单薄。

5. 有缘无分

粗犷，大气，有轮廓分明的棱角；不是很计较，但能有自己的原则；不一定要骑着白马，但一定要财富相当；不一定要貌胜潘安，但一定要温文尔雅；有一些小浪漫，然后学识渊博。这应该是所有女人梦中的白马王子。

把严复与吕碧城写成是对方的红颜知己，一点也不为过。严复是吕碧城在失落绝望中的一盏孤灯，不能取暖，但能陪她同行，听她倾诉。在迷茫的人生中，给她些许慰藉，不至于太过落寞，让她有坚持女权主义的勇气。而吕碧城于严复，是一个很好的交流对象。严复的思想需要传播，有吕碧城这样聪明的女子陪伴，听他讲课，接受他的新观念，对他来说正是人生中最靓丽的一道风景。女人的仰慕，是对男人最高的褒奖。虽然脚步匆忙，但因为红尘有了彼此，所以并不觉疲倦。

人生的圆满不在于你遇见了多少人，看过多少风景，而是你遇见了想遇见的人。有的人，一辈子就遇上一个人，从此两人有了感情，平淡相守，至死不渝。有的人，遇上过无数的人，踉跄上阵，匆忙结束，一段接一段，没完没了。我羡慕前一种人，能在茫茫人海中相遇，不需要太多的准备，就能与之共度一生。而后一种人，游戏情感，临了，孤老终身。前一种人的感情细水长流，后一种人的感情总是青黄不接。

有人说，严复对吕碧城有知遇之恩。他对吕碧城的理解深入骨髓，给予了吕碧城精神层面的高度理解。吕碧城那时像寒夜里独行的女子，为女权而奋斗，前路寂寥，寒气逼人。秋瑾的死给了她致命一击，英敛之的不理解，也让她痛彻心扉。严复的及时出现，如一剂膏贴，让她倍感温暖。那时的吕碧城孤独无援，严复虽然不能给予具体指导，陪伴亦是一种壮举。女人就该受男人怜爱，特别是像吕碧城这样聪慧的女子。她的婚姻大事，是严复一直放心不下的情结。

在为女子公学操劳的日子里，吕碧城大病一场。身体病得连自己的影子都载不动的时候，生活却给了她意外的惊喜。三年前，吕碧城亲手选拔的十名师范科学生，历时七学期结业，举行了毕业典礼，为此她特意跑到天津最有名的照相馆，为这些女弟子拍照留念。还特意把照片登在《妇女时报》上，望着这些美丽稚嫩的面孔，读出的是回忆、期待和按捺不住的辛酸。她用辛勤的汗水，给那个时代奉献出一份骄傲，一份辉煌。

男大当婚，女大当嫁，这是我们的传统观念。相对于吕碧城办学上的成绩，严复更加关心吕碧城的婚事。女人越清高越孤独，严复认为吕碧城

胡惟德

应当把自己的婚姻大事放在首位考虑。那一年，一个陌生的男人闯进了吕碧城的世界。他便是后来成为民国国务总理并摄行临时执政的胡惟德。婚姻于男人是避风的港湾，于女人一定是最好的归属。我想没有哪个男人愿意孑然一生，也没有哪个女子愿意孤独凄怜地犹存于世。

胡惟德那年四十五岁，他是浙江吴兴人。少年时在上海就读，并考中举人。1890 年随薛福成到英国任翻译，三年后任驻美参赞。1896 年后任驻俄使馆参赞、代办和钦差大臣。1908 年 5 月出使日本钦差大臣。不幸的是，在胡惟德到任后不久，夫人便因病去世。以胡惟德当时的身份，有许多社会名媛早已趋之若鹜。但胡惟德偏偏看中了清高不可一世的吕碧城，这也印证了一句话——窈窕淑女，君子好逑。

胡惟德续娶夫人

胡惟德无论家世与社会地位，在当时都是极为显赫的。他以为亲自出面，吕碧城一定会应允，没想到求婚遭到了吕碧城的婉拒。胡惟德不死心，又给严复写信，希望他从中撮合。由胡惟德的执著表现来看，他对吕碧城是真心实意的。可惜，爱需要缘分，婚姻更需要缘分。并不是每一个女人，都喜欢成功人士。胡惟德人到中年，白白胖胖的脸上蓄着两撇日本式的小胡子，显得敦厚又有文气。按常理，胡惟德这样的男子应该深受女性的钦慕，但没想到求婚不仅没得到吕碧城的回应，反倒碰了一鼻子灰。

女人都有理想主义情节，无论多么成功的女性，都有做梦的时候。生活中没有寻觅到理想的爱情，梦中一定有她所爱的人在守候。粗犷，大气，有轮廓分明的棱角；不是很计较，但能有自己的原则；不一定要骑着白马，但一定要财富相当；不一定要貌胜潘安，但一定要温文尔雅；有一些小浪漫，然后学识渊博。这应该是所有女人梦中的白马王子。女人如果真的按这种标准来寻求真爱，那是一种失败。把几个男人的优点集合于一个男人身上来寻找爱情，那是何等的悲哀。

青春年少的时候，我想每一个女子都有这样的无敌美梦。可是吕碧城不用做这样的梦，因为她太完美，是男人梦中虚构的对象。她是多个优秀女子的结合体，有斐然的才华，有让男人倾慕的容颜，而且是那么有思想，又是那么独立。吕碧城完美到无懈可击，以至于让胡惟德忘了身份，顾不得那么多，而直接向她表达爱意。胡惟德求爱失败，不是他自身的错误，而是吕碧城太挑剔。吕碧城一直赞赏婚姻自由，自由的前提是两人必须有恋爱基础。很显然，胡惟德在没有完全了解吕碧城的情况下，踉跄出招，失败是必然。

胡惟德求爱失败，还引发了严复与二夫人朱明丽之间的一场争执。被吕碧城婉拒后，胡惟德转头拜托严复做媒，成全他与吕碧城这段姻缘。没想到信寄到严府的时候，严复那时远在北京。二夫人朱明丽接到书信后，不但没有转寄给严复，而且还私自拆开看了。当严复的弟弟告诉他这件事情的时候，胡惟德已与一美国女留学生定亲。严复在信中指责朱明丽：汝何把他先拆，又不将原函寄来，是何道理？

如果真是朱明丽疏忽了，倒也情有可原。由严复的责怪我们不难看出，作为女人，朱明丽是有城府的，而且还有一些小肚鸡肠。严复在女子公学讲课达两月之久，这些朱明丽应该是知晓的。严复喜欢什么样的女子，作为陪伴他多年的女人，朱明丽是了解的。只是现在时过境迁，说朱明丽耍心眼也好，说她嫉妒也罢，这些都已经成了过眼云烟。唯一可以肯定的是——朱明丽对吕碧城有过抱怨，因为吕碧城与严复相处达两月之久，她一直耿耿于怀。出于女人的本能，所以她要报复。

吕碧城与胡惟德错过牵手，严复内疚了许久。严复的内疚源于对吕碧城的关爱，以胡惟德当时的社会地位，嫁给他，就等于后半生衣食无忧，吕碧城不会再过清孤无助的日子。孰不知，碧城一个独立的个体，她怎么会依赖男人犹存于世。对此严复关心有点过甚，但终归是一片好意。吕碧城如果真的嫁给了胡惟德，一定会让一众人大跌眼镜。嫁给胡惟德，就等于屈服了封建体制，吕碧城断然不会食言，违背自己长期以来的追求。胡惟德很优秀，才品人貌俱佳，可惜不是吕碧城要牵手百年之人。

6. 终归无缘

有些情感就是这样奇妙，得到了不过如此，反而是那些未曾得到的，让我们欲念终身。夜阑人静的时候，脑海中不经意冒出的总是那些不曾走近的身影。朦胧中的念想，让人生平添虚幻，如果彼此再靠近一点，会是另一番天地吗？

喜欢一个人，不一定非要拥有。欣赏一个人，一定要勇于表达自己的赞赏。严复与吕碧城的这段烟火情谊，似师生，似父兄，似红颜，更似两本书的相遇。他们读懂了彼此，让这段不了之情走得坦然与纯粹。津门有幸，严复接纳过吕碧城这样一位卓越的词坛大家，吕碧城也认识了这样一位文坛思想家。虽然最后没有太多的交集，但他们的故事一直被世人参阅与膜拜。

茫茫人海中，我们曾经相遇过许多的人，也见过许多的事。也曾经笑谈风月，笑看落花，不问今生，不问来世。感谢那些相互愉悦的时光，明知道没有未来，但依旧愿意给予对方暂时的快乐。如流星划破天空，给了对方美丽的记忆；如鲜花开满枝头，被绯红浸染了心情。有些情感就是这样奇妙，得到了不过如此，反而是那些未曾得到的，让我们欲念终身。夜阑人静的时候，脑海中不经意冒出的总是那些不曾走近的身影。朦胧中的念想，让人生平添虚幻，如果彼此再靠近一点，会是另一番天地吗？

仿佛一切都是前世注定，有些情，相距再近，也无法抵达比岸。人们常说，距离产生美，有时候就是那一缕罅隙，让我们更能欣赏彼此的优点。如果靠得太近，反而破坏了它原有的美感。两个人相遇就是一段旅程，感谢那些陪你走过雨季之人。清冷的夜，冰凉的雨，刺骨的风，在那天都有了因果。如果不是上天刻意成全，怎么会让你们今世相遇。感谢那场不期而遇的雨水，虽然浑身淋得透湿，但红尘有你，纵然经历千难万险，也不觉疲倦。今世不可能成为你的爱人，但一定是你一生的至交。回忆是温暖的，如果人生能多几段如此美好的记忆相串，倒也不失为是一种幸福。

吕碧城与严复没有走到最后，但他们彼此欣赏过、畅谈过。同为天涯沦落人，在那些孤寂荒凉的日子里，靠一杯茶、一卷书、一首诗温暖内心。够了，人生难得一知己，他们没有成为最真挚的爱人，却拥有一颗能读懂彼此的心。或天涯海角，或近在咫尺，在记忆深处，他们永远是彼此的牵挂。严复去北京讲学，念念不忘的是远在天津的吕碧城，她的婚姻大事是

严复最大的牵挂。爱一个人就希望她幸福，严复知道给不起碧城想要的幸福，唯有在心底遥祝这样一位轻灵如水的女子，早日寻得佳偶。

严复不愧是吕碧城崇拜的恩师，无论何时何地都记挂着这个让人怜爱的女弟子。由他对待吕碧城的婚事可以看出，他是真心希望她幸福。岂知很多时候，年轻的女子因为历经沧桑，对婚姻之事已经心灰意冷。既然错过了春天的花，又何须迷恋秋天的月。吕碧城与英敛之的一场眷念，给了她最深的痛。如果那真的是她的初恋，一定让她终身难忘。但凡初恋总充满了憧憬，单纯而执著。一朝梦醒，除了一地心碎与残缺，当初的美好一去不复返。似乎有一种魔咒，美好的初恋过后，总有一场撕心裂肺的痛尾随。英敛之的决然转身，给了吕碧城极大的困惑。既然天下男人都不能作为依恋，何不独步红尘，孑然一身。

遇上严复的时候，吕碧城正处于人生的十字路口，在悲观与绝望中交织。因为严复的赏识与关心，让吕碧城那颗孤寂的心慢慢复苏，再次看到了情感的美好。可惜，严复家眷甚多，而且个个刚性尤烈，严复深陷其中，不得其解，吕碧城更不敢去趟那浑水。

曾经有过这样的困惑，严复与吕碧城真的相爱过吗？我以为，他们应该爱过，由吕碧城对严复的依恋，由严复对吕碧城的关心，只不过，是有缘无分罢了！他们都是理性明朗之人，且不说吕碧城有许多的理想没有实现，单凭严复的家事，就足够崇拜者们望而却步。

我们常说，一个人过于固执，是因为没有遇见能为之改变之人。是的，这话却有道理。许多时候，我们不愿意改变观念，是佯装坚持。如果此生真的能遇上一个能让自己为之燃烧之人，估计再强硬的心也会变得柔软，再坚强的理由也会变得疲软无力。爱可以改变一个人的性情，也可以让一个人脱胎换骨。吕碧城一直坚持婚姻自主，还曾经说过要终身不嫁之类的话，如果真的遇上一个懂她、爱她、怜惜她的男人，她还会坚持吗？这些我们不得而知，因终究，她没有改变自己，或许这一生她真的没遇上，或许遇上了，她仍旧我行我素。

爱一个人，不是去改变，而是接受。优点可以发挥，缺点一定要包容。吕碧城与严复两个观念截然不同之人，最后求同存异，不也达到了琴瑟和鸣的状态。爱可以改变一个人的性情，不是在对方的要求下改变，而是自己愿意为对方改变，这就是爱的伟大。在与严复相处的日子里，吕碧城的心开始一点点变得柔软。而严复作为一个有身份的长者，他也被吕碧城前卫的思想感染着，并尝试着接受。

可惜的是，这样一对都愿意为彼此改变之人，却没有走到最后。写书之人都喜欢幻想，总想给笔下的人物一个美好的归属。只奈何吕碧城与严复都是历史人物，不可以随便胡编乱造。因为吕碧城与严复的一段情，最终不了了之，笔者一直为他们深为惋惜。假如——严复处在胡惟德的身份，单身而且具备应有的社会地位，他们俩会是一种什么结局？他们会有一段婚姻让人们津津乐道吗？笔者不得而知，只奈何人生没有“假设”与“如果”，只有我们无法更改的昨天，还有必须继续为之努力的明天。

第五章

看破姻缘
——淡然处世婉拒袁公子传情

有一种感触叫惺惺相惜。袁克文仰慕吕碧城的才华与人品，而吕碧城欣赏袁克文精辟的见解。只可惜，袁克文拥有文字天赋的同时，又患上天下男人花心的通病。这点吕碧城不敢苟同，所以唯有站在远处欣赏。

1. 躲过一劫

很多时候，我们勉励自己轻装上阵，错过山峰上的那棵松，就不要再错过原野里的那株竹。可惜，这句话劝别人时得心应手，对自己尤其艰难。等待苍老了谁，苍老了容颜，苍老了坚持。

生活就是一个记事簿，无论你愿不愿意想起那些伤痛的日子，它总在记忆深处如影相随。我们努力把陈年旧事简化，把美好的愿望交付于未来。但那首孤独的情歌，总在不远处呻吟。寂寞是一个人的独唱，繁华是许多人的合唱。如果你讨厌伪装，还不如做人群中的寂寞者，独自品尝清欢。许多时候，为了赶走寂寞空虚的日子，我们把自己置身于人海中，最后越发感觉孤独。许多时候，我们以为过去已经成为历史，然后发现，你忘记了别人，而别人一直记挂着你。

等待苍老了谁？苍老了时光，苍老了日头。人这一生似乎总在等待，等待最美的风景，等待最温馨的时光。时间在指尖悄然流逝，白发挂满双鬓。人近黄昏，信念还如同初升的太阳，始终如一。是执著的笨拙，还是要求太高。很多时候，我们勉励自己轻装上阵，错过山峰上的那棵松，就不要再错过原野里的那株竹。可惜，这句话劝别人时得心应手，对自己尤其艰难。等待苍老了谁，苍老了容颜，苍老了坚持。

吕碧城与袁克文由相遇到相识，不得不说是一种考验，一种爱的考验，精神的考验。它像孤寒夜深里的壁炉，温暖着吕碧城那颗受伤的心。生活里温暖无处不在，而独有落魄后的那抹阳光会格外清新，格外璀璨。那一年，吕碧城因为秋瑾一案受到牵连，袁克文果断出面，不仅帮吕碧城化解了危机，还得到了词坛大姐吕碧城的赏识。那一年，当吕碧城得知是总督袁世凯为她开脱时，她立刻驰书相报，并进袁府答谢。

袁克文

袁克文颇有才华，而且特别喜欢诗词，以“寒云公子”别号自居。他与吕碧城结缘，源于对碧城诗词的崇拜与仰慕。因为爱上一个人，才会去爱她的文。而袁克文是先爱上了吕碧城的文，才想到要认识这个人。久违的期待，能演变成现实，这是缘分。如果没有秋瑾一案，袁克文会与吕碧城相识吗？不得而知。但是有缘之人，上苍自有安排，无论有没有契合，他们终能相见。

1890 年，袁家二公子袁克文在韩国首尔呱呱坠地。母亲金氏是城中有名的贵族，与北洋军阀中极具盛名的重臣袁世凯结缘婚配以来，享尽了荣华富贵。金氏产子时，据说遇到一件奇事。临产前，她和丈夫袁世凯各得一梦——朝鲜王牵豹送子，豹人金氏腹中。南柯一梦，却与古书上“奇人降世，必有异象”不谋而合。为此，袁世凯特别取“豹纹”之意，按字辈和谐音，给二公子取名“克文”。

袁克文长得英俊潇洒，加上才华出众，很小的时候，就迎来一众女人的追捧。袁克文身边从来都不乏女人，可能是庸脂俗粉见多了，所以一直很欣赏有才华的女子。十七岁那年，他给父亲写信，要出去做官，袁世凯也觉得二公子是做官的料，所以设法在法部给谋了一个员外郎的差事。在法部供职，自然要与案件打交道，他看到了浙江的奏报，知道了吕碧城被卷进了秋瑾一案，因为仰慕这样一位才华斐然的女子，他留了私心，立刻请父亲通融。

袁世凯是中国近代史上的政治、军事人物，北洋军阀的首脑。世代官宦，父祖多为地方名流。有政治抱负的人尤其爱才，而且善于笼络民心。看了吕碧城的卷宗后，他认为吕碧城是人才，日后对自己肯定有帮助。在自己的管辖区内被抓走，不仅有伤面子，也会给政敌以把柄。袁世凯真正关注到吕碧城的时候，正是她心生悲戚的时候。秋瑾的案件，让吕碧城整日忧心忡忡，她担心哪天自己也会被抓进大牢。

如果没有袁克文提前给袁世凯通报消息，或许吕碧城真就被抓进了大牢。当法部公文送到直隶总督府的时候，袁世凯对来人不冷不悦，并告诉对方——你们要抓吕碧城，恐怕得先问清楚，她是我在天津创办的公立女学堂聘来的新学人物。如果仅仅是因为她认识秋瑾。那好，你回去告诉你们的尚书，我与吕碧城也有书信往来，是不是连我一起抓了？袁世凯的态度非常明确，法部不敢轻举妄动，从此，吕碧城的案子也就不了了之。

绝望中的希望，因为袁世凯出面周旋，吕碧城终于躲过一劫。生命的顽强在于轻易不言妥协，每一个生命犹存于世，既是顽强的，也是脆弱的。

一个皮包骨瘦的小生命来到世上，只需一点乳汁，一点呵护，若干年后，就能变成亭亭玉立的少女，或者健壮如牛的少年。小草在冬天里遭尽践踏，来年只需一点雨露，几许阳光，就能焕发勃勃生机。然而生命也是脆弱的，人性的抹杀，空留一身躯壳，如行尸走肉般犹存，活着或死去，已经没有太多的区别。飞蛾扑火，是为了追求瞬间的温暖。烟花盛怒，是为了追求瞬间的璀璨。但人活着绝不是为了追求瞬间的辉煌，现在活着是为了将来更好地活着。

2. 短暂修复

奔跑在没有终点的途中，再坚强的意志也会被摧毁。当灵魂无处安放时，身体更需要休息。失望中的绝望，那是怎样一种坎坷，那是怎样一种岁月，把一个意气风发的女子逼得锋芒尽失，自拔羽翼，而寻求庇护。

每一种创伤，都是一种成熟。一帆风顺的人生，就如同漫不经心浏览过风景，转身被遗忘在身后。伤痛是最深的痕迹，就算我们努力屏蔽记忆，时间却记载着一切。没有人会理会你的委屈，没有人会理解你的无奈。当一切都不能改变的时候，我们要学会接受，学会放下。忽视一切的不公，把矛盾简化，直至淡然。善——莫大于恕，宽恕别人，等于善待自己。当你还在与内心挣扎的时候，只能证明对手比你强大。

袁克文与吕碧城素未谋面，因为文字结缘，这不得不说是一种缘分。那一天，吕碧城进袁府谢恩的时候，袁世凯由椅子上站起来，指着站在身边的翩翩少年袁克文说道——你不用感谢我，是他告诉了我这件事情。你不认识他吧！他可是对你的诗词仰慕已久。两个年轻人的眼光迅速有了交集，眼里写满了彼此初见时的别样情怀。袁克文眼里聚集的是对一个才华与容貌非凡女子的崇拜。而在吕碧城眼里，是一个大姐姐对小弟的欣赏。

人在悲痛恐慌的时候没有眼泪，控制情绪是为了给自己争取更大的空间。吕碧城在看见袁克文的瞬间，千言万语涌上心头，最后变成了一抹浅笑。感激的话不用再说，一切都在不言中。吕家四姐妹，无子嗣，如果能有袁克文这样的小弟弟也算家门有幸。吕碧城年长袁克文七岁，袁克文如果愿意做她的小弟弟应该是最好不过了。可惜，女人总希望把自己的观念强加在别人身上，袁克文对吕碧城的情感岂止是一个小弟弟那般简单？那时候的袁克文看吕碧城，除了崇拜，还有一个男人对女人的怜爱。吕碧城对袁世凯说——公子的聪慧，碧城早有所闻，只是未曾晤面。儿子的心思，做老子的岂会不知？袁世凯直奔主题说——克文素好虚声，学步名士。古人讲以文会友，你是文坛才媛，今后给他多加指点。

袁克文长得温文尔雅，喜欢舞文弄墨，而且性格谦逊，这点让吕碧城比较欣赏。1912 年，北洋女子公学停办，学生归人北洋女子师范学校。吕碧城经袁克文推荐，到北京总督府任职。由此可见，袁克文对吕碧城不仅是崇拜，还留有私心，吕碧城如果进总督府办公，他们的距离就又拉近了一步。在总督府，吕碧城像一个大病初愈的人，性情已经平淡了许多。经历了办女学的风波，与英敛之的眷恋最后变成分道扬镳；与秋瑾一起唱和，差点为自己招来牢狱之灾；严复对她的关照，一场感激之后，最后也各奔前程。

生命之所以沉甸，是因为我们经历的事情太多。不是收敛锋芒，而是愈小心愈举步维艰。秋瑾的死，给了碧城最沉痛的教训，让她不得不变得小心翼翼。一个人的思想再新潮，也不敢拿生命作赌注，枉自嗟叹，更何况还有前车之鉴。去总督府工作也许不是碧城的本意，但人在身心俱疲的时候，需要寻一隅处所疗伤。虽然开办女子公学小有成就，但办学的千辛万苦，已经让一个年轻女子变得伤痕累累。英敛之走了，二姐吕眉生性格要强，两人频频闹出不和。朋友与亲人一个个相继离去，这些足以摧毁一个女人的自信。

女师教学楼

奔跑在没有终点的途中，再坚强的意志也会被摧毁。当灵魂无处安放时，身体更需要休息。失望中的绝望，那是怎样一种坎坷，那是怎样一种岁月，把一个意气风发的女子逼得锋芒尽失，自拔羽翼，而寻求庇护。吕碧城累了，她需要调整，需要一个安全的环境疗养身心。栖息在总督府，让疲惫的身心得到修整，应该是吕碧城性情回归本真的一段时光。总督府给吕碧城提供了一处安逸的环境，她的身心得到了彻底的放松。仿佛断翅的小鸟，终于寻觅到可以栖息的枝头。

吕碧城终归还是女子，思想固然前卫，但还是有谨小慎微的时候。袁克文与吕碧城的相同之处都是激进分子，有思想，有抱负，亦有青年俊才的胆识。他在《辛丙秘苑》中说，那时唐群英等人呼吁女子参政声甚高，于是给自己的父亲袁世凯建议，中国的男女不平等压制了不少人才，现民国肇立，应提倡男女平等，公府应设置女官。袁世凯刚上位，正雄心壮志。思考之后，感觉这个可行，亦把这个意见告诉了主计局局长吴延燮，让他起草一个规制呈上商议。

袁克文著作《辛丙秘苑》（上海书店版）

吴延燮早年是个举人，曾在巡警部、度支部任职，对历代典章制度很熟悉，很快便拿出一个女官规制文稿，拟有尚议、尚玺、咨议等九个级别。尚议为主管女官之官，尚玺为管理玉玺之官，咨议为总统府顾问，可以对国家大事提出意见，有参与政事的权力。因为是袁世凯的决定，加上袁克文的公开支持，不久吕碧城被聘为总统府咨议，可以自由出入南海的中华门。不知道是当局需要吕碧城这样的女子造势，还是她的才华真的得到赏识，民国第一位能公开参政的女官就这样诞生了。

3. 心灵慰藉

有些东西，一旦失去了，就永远消失。爱情亦是如此，太容易得到的感情总难让人珍惜。历尽千辛万苦的情感，哪怕放弃，也充满回味。

红尘之中，每个人都想过安逸稳定的生活，回归是最根本的渴望。沧海桑田，寻一处家园安放所有的梦想，让身体在薄雾中舒展，睡眠在自然中醒来。与晨曦低语，和晚霞一起吟唱，做自己想做的事情，不必顾忌他人的感受。日子似水长流，与蓝天白云一起被红尘湮没，与山川河流一起到地老天荒。而生活的现实是——如果你安逸得一无所思的时候，也许你不久将会被人遗忘。无梦固然轻松，可谁又能轻易放弃未来？

在总督府，吕碧城终于有了诗情画意的日子。不用授课，也不用去应对那些繁复的杂事。1913年冬天，袁克文与易顺鼎、何振彝、步章五、梁鸿志、黄秋岳、罗惇曧、闵尔昌，在南海流水音结成诗社，以“寒庐七子”称之。诗社成立大会是在颐和园召开的，事先在报上登有启事。诗社成立那天，除了方地山、费树蔚等老友外，亦去了不少新知。袁克文特意邀请了画家汪欧客为之作了《寒庐茗画图》《流水音修禊图》等，梁鸿志、何振彝、王闿运等在画上题诗或作歌，吕碧城从报上看到画作，很快写了《齐天乐》一词：

紫泉初启隋宫锁，人来五云深处。镜殿迷香，瀛台挹泪，何限当时情绪？兴亡无据。早玉玺埋尘，铜仙啼露。础六韶华，夕阳无语送春去。

䄄红谁续花谱？有平原胜侣，同写心素。银管缕春，牙签校秘，蹀躞三千珠履。低回吊古，听怨入霓裳，水音能诉，花雨吹寒，题襟催秀句。

虽然袁克文已经坐上了“皇子”的宝座，但吕碧城永远是那样的清醒与高雅，一首《齐天乐》就道尽了袁克文的前世与今生。诗词的大意是：你是来自帝王之家的人，兴亡是没有根据的，清王朝的玉玺早被尘土掩埋，它的大好年华已被夕阳送去了。如今续花谱者，应由你们“平原胜侣”共同来写。你校勘善本图书有三千“珠屦”相随，你吊古听曲，流水音是最好的诉诸之处，花雨向你吹来，与这些朋友诗酒唱和吧，那样才能催生出美丽的诗句。

高山流水觅知音，吕碧城一句话说中了袁克文的心事。大家都知道，袁克文虽才华横溢，但也放荡不羁。年纪轻轻，已经阅女无数。看多了庸脂俗粉，反倒对才貌双全的吕碧城有一种突兀的向往。在他眼里，青楼女子看中的是他被金钱包裹的身体。而他喜好的诗词歌赋，却无一人能与之共鸣。袁克文的正室倒是一位品貌俱佳的女子，可惜他又拥有天下男人花心的通病，喜新厌旧。吕碧城与他一起吟诗作画，心无旁骛，永葆一颗洁净之心，让袁克文明白——原来女人可以如此独立与洁净。

被一群女人众星捧月惯了的男子，突然看见一位如此清高别致的女子，除了崇拜，就只有尊重。吕碧城虽然没有参加他们的雅聚，但对袁克文的创作热情给予了异乎寻常的鼓励，希望他莫负美酒和人生的大好时光，在曲水流觞的水边，写出更具感染力的诗篇。因为以曲水之水载芳樽之水，水比酒浓，一滴滴都是人生况味。诗社成立后，更加激发了袁克文诗词创作的热情，他接连写了流水音系列组诗。吕碧城也不失时机地写了七律《和抱存流水音修禊十一真韵》与之唱和：

闻道长安上巳辰，五陵风月属骚人。
风丝花片催诗急，好鸟游鱼狎客频。
一曲清流传胜禊，几多桑海酿奇春。
新亭挥泪真痴绝，莫负芳樽向水滨。

爱就是一场寻觅，最纯美的爱总是藏在红尘的最深处。袁克文生性多情，且豪放不羁，只要他喜欢的女子，总能让对方投怀送抱。但对着这样一位高洁如莲的女子，他却有着异乎寻常的敬重。吕碧城年长袁克文七岁，以姐姐自居。但由袁克文与吕碧城的文字交往来看，他们的关系肯定不是“姐弟”那般简单。男人需要女人赏识，更需要女人崇拜。财富与地位只是表象，它们或多或少都与祖辈的庇护有牵连。自身的文学素养，是后天的修为。每个人都希望自己是独一无二的，不愿意做别人的翻版。

袁克文头顶父辈的光环，心里不免有些失落。他出生在官宦世家，一定为与生俱来的优越感苦恼过，像这种大家庭出身的子女，如果没有盖人的特长，就会显得千篇一律。袁世凯一生从戎，为子孙创造了良好的生活环境。富贵人家的子女在得到一些东西的时候，同时也会失去一些。譬如，创造与赞誉，晚辈会因为超越不了前辈而丧失斗志。有些人之所以让人仰视，是因为他们有奋斗的历程，成功的骄傲，生命里所拥有的一切都是靠自身努力得来的。袁克文就少了这样一些过程，父辈创造好的条件反倒让他有一些压抑。他是一位聪慧而帅气的男子，知道自己需要什么。除了财富与地位，在心底深处，他更希望得到认可与敬重。

人都是追求上进的，父辈给予的光环，不能陪伴你一辈子，只能陪你一阵子。有些东西，一旦失去了，就永远消失。爱情亦是如此，太容易得到的感情总难让人珍惜。历尽千辛万苦的情感，哪怕放弃，也充满回味。财富人人都可以创造，文字却需要一定的悟性与热爱。一个有钱的人死了，若干年后，财富被子孙挥霍殆尽，这个人的声誉也随之消失。而一个清贫文坛大家死了，因为拥有了文字的收获，除了没有财富供后人继承，他的那些不朽的文章将生生不息。正如袁克文，父辈留给他的光环只是南柯一梦，而他在诗词上的造诣，却远比他拥有的光环更让人佩服。

4. 一场欣赏

对于敬爱有加的女子，男人会更加注重对方的感受。由敬到爱是一个情感递增的过程，敬重是崇拜的动力，爱是长久的依恋。而那种只能敬、不能爱的感情是折磨人的，考验着彼此的自控能力，同时也考验着彼此的修养。

人无论在什么时候都要学会欣赏，欣赏别人有时就是赞美自己。你优秀与否，由你朋友的身上可以折射。赏识既是一个赞同的过程，也是一个学习的过程，更是一个认识的过程。常怀有一颗感恩之心，懂得欣赏与聆听，尊重别人的故事，被别人的故事感动。一些事，不一定要经历；一些人，不一定要相遇；一些路，不一定要行走。读着别人的故事，自己慢慢变得成熟，这才是最具人生智慧之人。读别人的人生，体会其中的酸甜苦辣，人生少了一些过程，却多了一份简单，这应该是最轻松的事情。

有才华的人，总有机会得到施展。在总督府就职，吕碧城的视野比之前更开阔，见识更加丰富。她不仅结识了一批官宦人物，而且在更高的层次上结识了一批文人雅士，还有一些成功的贾商，如费树蔚、徐蔚如、袁克文、易顺鼎、樊增祥等名人。这些人对吕碧城的影响很大，有的后来还成为终身挚友。譬如,费树蔚。这些机缘没有让吕碧城的政治抱负得以实施，但为她日后做生意奠定了基础。在总督府就职，日子虽然过得惬意，但吕碧城行事更加小心，锋芒隐藏得更深。

费树蔚

总统府的湖光山色，一草一木，是那样的清新与自然。中国园林建筑的美感，无处不在。加上与袁克文的神交，吕碧城感受到生活原来还可以如此的安逸与清闲。这里有水光潋滟的亭台楼榭，景点错落有致，徜徉其中,让人爱上它的宁静与悠远。而此时的袁克文亦是常来找吕碧城谈诗作画，两人不言感情，让淡淡的暧昧缠绕，让平淡的日子充满异样的灵气与生动。有一种暖，在他们身边延伸，虽身处闹市，却只能感受到两个人的温度。

暧昧是一种欲说还休的感情，不在其中，根本无法感受到那种无以言状的况味。吕碧城能在总统府安身立命，先是得益于才华，然后还要得益于袁克文的举荐。人生若只如初见，如果袁克文是吕碧城这一生中遇见的第一个男子，他们一定能演绎出一段旷世奇恋。袁克文生性豪放，也许有了吕碧城这样的红尘伴侣，不能说他会全然收敛，但至少可以留下一抹温暖的回忆，暖于心头。不知道谁说过，一个好女人，可以幸福三代人。过于放纵的男人，确实需要一个善于攻心的女人来引导。

袁克文除却多情，在民国的纨绔子弟中，他应该算是优秀的。只可惜吕碧城太过清醒，在与袁克文的交往中，她早已看清了他的前世与今生。所以，尽管两人被一种莫名的暖包围着，而她从来没有让情感为所欲为。面对被金钱与才气包裹的袁克文，她依然洁身自好。像在欣赏一幅画，她能与画家心灵相通，但却没有苟且之心。男人与女人对待感情大相径庭，男人重在过程，女人重在结果。在袁克文的世界里，他从来不缺少女人，面对这样一种棘手的情感，袁克文欲罢不能。而吕碧城认为有这样一位小弟弟的关心与崇拜，温暖寂寞的心灵，此生足矣！

相知是缘，相处是份。经过了太多的坎坷，让吕碧城清楚地知道她与袁克文——只有点到而止的“缘”，而“份”是需要用心去造化的。袁克文送大妹伯桢去婆家，经过被德国人占领的青岛，又恰遇他的开蒙老师高景祺的热情招待，自有一番感慨跃上心头。他连夜写了一组诗寄给吕碧城，发表自己的感想。袁克文的诗词中有一些忧虑，也有唏嘘。吕碧城接到袁克文的信件之后，在第一时间里，给予他精神上的鼓励与支持。

吕碧城对袁克文的态度，有时像姐姐，有时像老师，更多的时候，两

人是知心朋友。而袁克文有时亦把吕碧城当成姐姐，有时亦把她当成老师，更多的时候，把她当成是红颜知己。袁克文知道，他这一生红颜无数，但能真正读懂他的，只有吕碧城。袁克文酷爱诗词，在与吕碧城交往的日子里，他在诗词上的修为突飞猛进。凡是袁克文写给吕碧城的诗作，吕碧城总能站在另一个层面给予支持与剖析。因为意见中肯具体，袁克文对吕碧城越发依赖，并且敬爱有加。

对于敬爱有加的女子，男人会更加注重对方的感受。由敬到爱是一个情感递增的过程，敬重是崇拜的动力，爱是长久的依恋。而那种只能敬、不能爱的感情是折磨人的，考验着彼此的自控能力，同时也考验着彼此的修养。有些时候，年轻女子爱上一个成熟稳重而又具智慧的男人，因为年龄之间的悬殊，女孩子只能以尊重的形势交往。但爱情的微妙之处是——情感不受年龄的控制，只要彼此有感知，有些感情会一触即发。控制情感需要毅力，能始终尊重对方更是一种修为。

爱情的最高境界不是占有，而是敬重与爱护。袁克文风流不羁，却是一个重情重义的男子。吕碧城在诗词上的造诣，远远高出他一筹，这点让袁克文心生佩服。还有吕碧城身上那种与生俱来的傲气，也感染着他。袁克文身上虽然流淌的是贵族血统，但对社会、对国家亦有他独特的见解。他不盲目崇拜，当袁世凯身边的人都对他顶礼膜拜、极力支持他称帝时，袁克文却以一种清醒的姿态，表达了自己的见解。他吟诗一首：

隙驹留身争一瞬，恐声催梦欲三更，绝岭高处多风雨，莫到琼楼最上层。

可能是袁克文的诗作得太过直白，据说袁世凯听罢面色凝重，转身拂袖而去。虽无力阻止父亲无异于自绝的步伐，但袁克文清醒而冷静的政治主张已表露无疑。历史证明，袁克文当时的规劝是正确的，但袁世凯急于登基，踉跄前行，最后自取灭亡。袁克文对袁世凯称帝的看法，与吕碧城不谋而合。吕碧城一直在总督府小心翼翼，就是因为已经觉察到这群人野心勃勃。因为对当局换汤不换药的做派心灰意冷，吕碧城渐生离去之心。

5. 渴望纯净

孤立无助的清醒，文字是安放灵魂的最好寄托。袁克文纵情声色，与吕碧城相比，可谓是云泥之别。每个人心里都渴望纯净，而生在富贵之家的大染缸，一切都身不由己。污浊之乡，想如莲花般洁净高雅，那需要何等的毅力与造化。

如果说诗词上的唱和拉近了吕碧城与袁克文的距离，那么政变让他们看到了对方身上的相似之处。对于即将而来的暴风骤雨，吕碧城与袁克文都有同样的嗅觉。袁克文身为“皇子”不能轻易离开，而吕碧城作为旁观者最后选择退出。这场让人失望的政变再次让一个羸弱的女子感到胆寒，她对袁世凯失望的同时，对这个社会也更加失望。

生在帝王之家，袁克文自然有比常人更多的烦恼。妻妾成群，却没有一个人能在文字上与之共鸣。富贵满堂、酒色财气背后的孤独，谁能体会。人之所以烦恼无边，因为自身太污浊，所以总想找一处净土来安放灵魂。孤立无助的清醒，文字是安放灵魂的最好寄托。袁克文纵情声色，与吕碧城相比，可谓是云泥之别。每个人心里都渴望纯净，而生在富贵之家的大染缸，一切都身不由己。污浊之乡，想如莲花般洁净高雅，那需要何等的毅力与造化。

吕碧城桀骜高雅，袁克文自有一种天然的富贵。因为一场情诗画意的精神之恋，红尘之中，两个境况截然不同之人，却找到了久违的契合。有人说他们相见恨晚，又有人说他们惺惺相惜。一个清新淡雅，不卑不亢；一个身处闹世，宠辱不惊。这样的男女相遇，不擦出一些火花，简直是辜负了良辰美景。有好事者想成全美事，可惜，吕碧城处在风华正茂的年龄，心态却耄耋老翁般苍老。

男人身边莺莺燕燕女子无数，却总想寻求一种绝世傲然的期待，这是率真的追求。女人的容貌不过是昙花一现，精神上的契合却可以相伴终身。每一段情都有遗憾，而那些没有得到的却让人终身记挂。我们行走于人世间，总希望找到真正的知音，而不是那种以身体为契点的默然。身体的交换只能愉悦肉体，却不能愉悦灵魂。男人对自己深爱的女人，有一种天然的敬重。有些话说出口就是一诺千金，如果不能给予对方想要的，还不如把一切压在心底，让那份感觉保持得长久一些，再长久一些。

有人说，袁克文是真心爱过吕碧城的，只不过，这份爱的分量太过沉重。吕碧城想要的，袁克文不能给予，而且他也做不到。袁克文十七岁就娶妻生子，妻妾成群。吕碧城的情感像白纸样洁净，而袁克文丰富的情史，是那样的纷杂与凌乱。爱需要清新，特别是对于自己敬重的女人。很多时候，面对心爱的人，我们总想减去繁复，让一切变得简单。可是，相对于男人朝三暮四，责任更是一种约制。对于一个没有责任心的男人，女人会更加鄙视。

有人为过去纠结，有人为过去自豪。纠结是因为遇上一段新的感情，我们必须抹杀过往才能获得新生。自豪的人更可悲，因为没有值得拥有的现在，所以老拿过去缅怀曾经。真的爱上一个人时，我们才知道过去的浅薄与无知。盼望自己清新如洗，如碧空满堂。过去似一笔陈年老账，相欠的无法偿还，在不经意间想起，如高利贷的利息徒加伤感。我们把握不好未来，就一定要把握好现在。等到日暮苍山的时候，少一些利息，多一份感叹，才无愧于曾经。

空闲的时候，吕碧城到故宫、颐和园、居庸关、西陵漫游。那一年，她还到香山静宜园看望英敛之夫妇，一笑抿恩仇，此次相遇，化解了吕碧城与英敛之之间的尴尬。吕碧城是一个自律的人，而且她对尊重的人始终尊重，不因生活里的不愉快，而否定曾经的过往。在颐和园，她游览山上的排云殿，看到慈禧的画像翚衣耀羽地挂在那里，随即挥笔写下了极具讽刺意味的词作《百字令》：

排云深处，写婵娟一幅，翚衣轻羽。禁得兴亡千古恨，剑样英英眉妩。屏蔽边疆，京垓金币，纤手轻输去。游魂地下，羞逢汉雉唐鹉。

为问此地湖山，珠庭启处，犹是尘寰否。玉树歌残萤火黯，天子无愁有女。避暑庄荒，采香径冷，芳艳空尘土。西风残照，游人还赋禾黍。

吕碧城一首批判现实主义的诗词再次获得大家的喝彩。在这首词里，她既对慈禧作了描述与评论，又对那些无聊至极的游人作了抨击。她讽刺慈禧这个不知愁的女人不顾国家前途，不惜动用军费为自己建造园林。现在皇朝已亡，园林也已荒芜，而你的画像还风光地挂在这里，真的受得住亡国之恨？生前你如此专权，死后你的灵魂怎么去见你的同行前辈吕后与武则天呢？吕碧城在词的句尾说，一个如此不得人心的王朝，现在竟有人还在赋词里同情它、怜悯它，真是让人费解。

由这首词里，我们不难看出，无论世事如何变迁，吕碧城的本性仍旧那样率真与果敢。袁克文看见这首词后，自有一番感动在心里蔓延。人们都说才子佳人皆绝配，袁克文在当时也算是风流才子，而吕碧城更是十足的佳人，袁克文对吕碧城的仰慕之情昭然若揭，只苦于浑浊与洁净之隔。女人太高雅，就如同天上的白云，任它飘摇，也不敢破坏那份美好。袁克文除了尊重吕碧城之外，还有一些迎合与讨好。可惜的是——不是吕碧城看不懂风花雪月，而是吕碧城看得太清楚，才不愿与袁克文这样的世家子弟展开一段旷世之恋。而袁克文对吕碧城的尊重早已经超越了友情，有一种神圣不可侵犯的力量指引着他，想爱她，却又自知不配。

爱一个人，会随时随地站在对方的角度思考。得到只是一种表象，真正的爱情应该是身心合一的默契。袁克文是聪明之人，他知道吕碧城是新春雨后的一茗新茶，浅尝辄止，恰到好处。好茶不仅需要好水来冲泡，更需要一方好壶。袁克文也许能给吕碧城一种安逸的环境，但他终究给不起吕碧城想要的爱情。

6. 清醒于世

爱，不可能始终纯粹。有些情，擦肩而过后，从此陌路天涯。而吕碧城与袁克文的这段感情，虽然不太明朗，但因为他们彼此珍惜，没有一点伤害，而保存至老。感情就当如此，得到了该珍惜，没得到该珍藏。

人生得意须尽欢，莫使金樽空对月。从古自今，凡文人雅士，常对酒当歌，饮酒赋诗，抒怀咏志，怡然自得。袁克文的人生是诗酒趁年华，不负这大好光阴。吕碧城经常出入上流社会交际圈，算是一代名媛。留一半清醒留一半醉，她以这样的姿势行走，当是洁身自好。袁世凯坐上帝位，显赫一时。袁克文乃袁家的二公子，外表帅气，又善诗文。与吕碧城才貌相当，结合在一起应该是珠联璧合。挚友费树蔚从中做媒时，没想到，吕碧城明确回答说——袁克文属于公子哥们，只许在欢场中偎红依绿。

吕碧城说话总是那样直爽与尖刻，她欣赏袁克文的才华，但不认同他的人品。一个放荡不羁的男人，就算他家财万贯，以吕碧城的清高，她绝不会苟同。自从进入总统府履职以来，吕碧城和许多人一样对新政有着美丽的憧憬与期待。然而，她在目睹了内阁风潮、宋教仁案、善后大借款、二次革命、“二十一条”等事件后，官场的黑暗、派系的争斗与纲纪的败坏，在她面前暴露得更清晰，使她对袁世凯的执政能力产生动摇和失望。特别是 1915 年 8 月“筹安会”的发起，让吕碧城由清醒走向现实，她毅然挂冠而去，南下上海定居。

袁世凯登基大典

残酷的现实，让一个有民族抱负的女子毅然决然而去，那场争斗昭然若揭。吕碧城是聪明的，她的离去无比正确。袁世凯登基不久，帝位随之瓦解。

人们常说，出污泥而不染，仔细想想，总统府就像一个大染缸。红男绿女们，在里面尽失本性，唯有吕碧城还保存着那份本真。在那个年代，利字当头，男人们都随波逐流，而偏偏是吕碧城这样一位女子，却选择急流勇退，那是怎样的一种急智与心胸。两年之后，吕碧城再次去香山拜访英敛之夫妇。她抑制不住心中的悲戚说道——这个污秽的世界我已经看透了，像袁公那样的人物不死又如何？

吕碧城凄然转身，辞去了总统府的职务，她与袁克文那场诗情画意的交往也从此断了交接。人走茶凉，大家都以为吕碧城与袁克文的交往已经到此为止。没想到，多年以后，吕碧城在上海静安寺招待客人，得知袁克文由天津又回到上海，她立马送贴去登门拜访。吕碧城是恋旧之人，虽然与袁克文的交往没有下文，但袁家父子曾帮她渡过一个人生险滩，这点碧城至死不忘。人生有时就是这样，锦上添花的情谊太过浅薄，雪中送炭的真情会牢记一辈子。

没想到的是，自从袁世凯倒台以后，袁克文的日子过得捉襟见肘，他拒接了吕碧城的造访。当听友人解释，袁克文痼疾复发，喝花酒，吸鸦片，昼夜颠倒，吕碧城明白了袁克文拒见的原因。虽然多年未见，但吕碧城对袁克文那份情还在。以袁克文骄傲的性情，断然不会让吕碧城看到他现在的狼狈模样。此时此刻，吕碧城除了同情袁克文，反倒对他还如从前般欣赏，虽然落魄了，但他男人的气魄还在。人生就是这样，此一时彼一时，贫穷与富贵交替，唯一不变的是他们的情怀。

袁克文书法

袁克文于1931年离世，死前穷困潦倒，以卖字画维持生活。撰有《寒云手写所藏宋本提要廿九种》《古钱随笔》《寒云词集》《寒云诗集》《圭塘唱和诗》。所写掌故、笔记，如《辛丙秘苑》《洹上私乘》等颇多独特资料。袁克文收藏文物种类很多，晚年因生计窘迫，大部变卖。一代风流皇子，虽然死前为钱所困，但精神上还是富足的。袁克文留下的许多字画与诗词供世人参阅与膜拜，人们不会忘记他的放荡不羁，但同时也会记住他的满腹经纶。冥冥之中有一种契合，年轻时候的袁克文一直生活在父辈的光环下，苦苦追寻自己的人生价值，悠悠不得志的他，在年老的时候终于找到了人生坐标，他能用文字养活自己，还有那一群妻妾。方地山为其撰写碑文——才华横溢君薄命，一世英明是鬼雄。

一代风流才子就这样离开人世，据说他死的时候，因为生前怜香惜玉，有许多青楼女子自发为他送葬，场面极为壮观。看见那一群群女子泪湿衣襟，如果袁克文泉下有知，他一定极为欣慰，这些是他生前最喜欢的场面，在他死后发挥到极致。袁克文走了，他流传于世的不仅只有才华，还有他偎红依绿的盛名。他一生都是女人追逐的对象，死后还能得到女人的感念，也算是善始善终。吕碧城知道他离世消息的时候，已经远走他乡，无法端见他出殡时的盛况。

有些情终归要流逝，像流星划破天空，空留一道弧光，让极目远眺者心怀悲切。文字是不老的情怀，哪怕生命烟消云散，它总能唤起人们对过往的回忆。相对于吕碧城在文学上的造诣，她的婚姻大事仍旧是朋友们关心的事情。有一次叶遐庵约吕碧城和杨千里、杨云史、陆枫园等到家里作客，众人又谈及她的婚姻题目。碧城坦率答道——生平可称许之男子未几，梁任公（梁启超）早有妻室，汪季新（汪精卫）年岁较轻……我之目的不在资产及门第，而在于文学上之地位。因此难得相当伴侣，东不成，西分歧，有失时缘。幸而手边略有积蓄，不愁衣食，只有以文学自娱耳！

这是多么清高的一位女子，她的终身大事不与钱财相关，只关系到文学上的呼应。因为清醒，所以孑然一身，这也许是一种遗憾。滚滚红尘中，有多少人过着纸醉金迷的生活，不问今生，不求来世，只求眼前一醉狂欢。“我拿青春赌明天，你用真情换此生。留一半清醒留一半醉，至少梦里有你追随。”是啊！无论你多么清高与低俗，梦想总是无处不在。吕碧城心高过人，她的心中到底还是有美好的期盼。她不是真的想嫁给梁启超与汪精卫，而是想寻找到与他们一样惊天动地的伟男子，才不负此生。

爱，不可能始终纯粹。有些情，擦肩而过后，从此陌路天涯。而吕碧城与袁克文的这段感情，虽然不太明朗，但因为他们彼此珍惜，没有一点伤害，而保存至老。感情就当如此，得到了该珍惜，没得到该珍藏。世事无常，在一个寂寥的午后，或者突然疾病缠身，躺在那张被孤独浸染的床上，我们的回忆里还存留什么，是赎罪般的忏悔，还是无比惬意的安详？

第六章

相知相识

——同事痴情再续泣血情史（费树蔚）

一场官斗，让吕碧城与费树蔚走近彼此。在颓废的日子里，他们彼此安慰着、扶持着。无论吕碧城身在何方，费树蔚都像蓝天守望着大地一样一生眷顾着她。吕碧城没有婚嫁之心，对于费树蔚的一番痴情，吕碧城只能辜负。

1. 急流勇退

做女人就该如碧城一样，不畏红尘，不把男人当依靠，做一个能独立行走的个体。爱自己所爱，乐自己所乐。不顾及流言蜚语，坚持着自己的坚持，勇敢前行。可是羡慕终归羡慕，有多少女子能做到像吕碧城一样桀骜纯粹？

自古以来，凡女子太过灵醒，命运都很坎坷曲折。因为看得太清楚，所以难得糊涂。人的一生，有许多情感是在不受理性控制下爆发的。一个女子一生不爱任何男人，是一种胆怯。而一个女子被许多男人热爱，她却能冷眼旁观，这是一种气势。爱，是上天赋予我们的权利，它如同衣食住行样，无处不在。当无从所爱的时候，剩下的只有清醒，这是一种悲哀。有时候，因为经历太多，我们总以为自己的感情用完了，对异性不会再有炙热的期盼，没想到，当真正遇上一种新的等待，发现爱情不会悄然枯涸，它像生命的泉水，源源不断，而且生生不息。

有人说，高处不胜寒，人一旦上升到一定的高度，会被一种孤寂感所压迫。我以为，那是空中楼阁，或者是孤芳自赏。无论何种情感，只要接上地气，它就能生根发芽。凌驾于他人之上的情感，是把自己搁置于云端，不能落地，亦不能上天。爱，就必须接受人间烟火的熏染。爱，必须落入尘埃。有时候，我们总被一种表象所迷惑，以为那种高高在上的人，只能瞻仰，而不敢去侵扰。其实，真正的爱情，无关地位，无关身份，无关年龄，无关血缘。人的地位越高，越期盼被人理解。许多情，只要你敢，爱就会给你一个交代。

吕碧城一直是一个饱受关注的人物，除了她的女权思想外，她的爱情亦是被人津津乐道。家变后的婚变，这应该不算是爱情。因为那时的她，还不懂得什么叫爱。与英敛之的一场眷恋，最后因为办学意见不一，而分道扬镳。与严复一场欲说还休的师生恋，最后也没了下文。与袁克文惺惺相惜，但终究因起点不同，所以亦不能善始善终。历数吕碧城交往的异性友情，与她走得最远，亦一生不离不弃的当属费树蔚。他呵护了吕碧城一生，也爱了她一生，可惜，最后费树蔚因为疾病，先弃吕碧城离世而去。

吕碧城与费树蔚的相识相知是在总统府，他们同在袁世凯手下任职。费树蔚与吕碧城之所以成为朋友，最先结缘于文字，然后是共同的理想。那时，他们进入总统府就职，是抱着满腔的期待而来。没想到，袁世凯身边围绕着一些鼠目寸光之人，没等到时机成熟，就鼓励袁世凯称王称帝。总统府官僚们的所作所为，不仅让吕碧城失望，费树蔚也感同身受。所以，当吕碧城提出辞职的时候，费树蔚随后也辞职离开。

官斗有时就是一场盛大的焰火晚会，看起来热热闹闹的，但到底有几人得道，几人升天，这一切都不过是一场作秀。烟花再美丽，终究要落入凡尘化作淤泥，一时的光芒四射，照疼了许多人的眼睛，也让清醒的人更加坚定信心。吕碧城与费树蔚双双退出，袁世凯的帝业终归是黄粱一梦。由于现实的虚弱、人性的险恶、前途的渺茫，让他们在孤寂中互相温暖。抱负不得施展，吕碧城退出总督府后驰骋商场，成为一位优秀的商人。费树蔚则走向金融行业，成为银行行长。

费树蔚是一个极有见地之人。进，可以做官；退，可以经商。而吕碧城亦是高瞻远瞩，对政治失望之余，她转身投身商界，从事外贸生意。凭借自身独特的女性魅力与过人的才干胆识，再加上在政坛和上流社会所累积的丰富人脉，迅速在号称“冒险家乐园”的十里洋场崭露头角，仅两三年间，就积聚起可观的财富。她在《吕碧城集》附记中自述说：“按先君故后，因析产而构家难。惟余缁铢未受，曾凭众署券。余素习奢华，挥金甚钜，皆所自储，盖略谙陶朱之术也。”

这就是吕碧城的精明之处，无论何种追求，她断然不会如秋瑾一样，把自己逼得一无退路，拿生命作赌注唤醒一代沉沦。写到这里我不得不为吕碧城的聪明才智喝彩，无论何种境况，她总能证明自己的独特之处。男人会舞文弄墨，男人能勤勉于政，男人会养家糊口，以吕碧城半世的人生经历，她把那些看似只有男人才能建树立功的伟业，全部都做到了。办女学，她首开先例。弃笔从政，让她看到了官场的黑暗。弃政经商，生意做得风生水起。我不知道，男人能做到的事情，吕碧城还有什么没做到？

花木兰替父从军的故事脍炙人口，而我以为，吕碧城的经历我们应该更加推崇。所有男人能做到事情，她都能办到。她冲破世俗的束缚，首开先例，给天下女人做了一个前所未有的榜样。时常想，做女人就该如碧城一样，不畏红尘，不把男人当依靠，做一个能独立行走的个体。爱自己所爱，乐自己所乐。不顾及流言蜚语，坚持着自己的坚持，勇敢前行。可是羡慕终归羡慕，有多少女子能做到像吕碧城一样桀骜纯粹？

很多时候，我们习惯在依附中前行，享受阳光带来的温馨。却从来没想到，有些依附一旦成形，这辈子再也丢不开。得到的同时，也失去了自我。而有一种人，总是那样清醒，不让依附成为累赘，可以自由地在梦与醒之间穿行，对世间万物收放自如。放下是一种转身，选择又是那样的从容。因为历练所以老练，洒脱行走，仿佛一切都本该如此。

2. 浪漫旅途

爱情只不过是生活里的一个符号，将一个人的独唱，变成两个人的合唱，然后画上完整的符号。是感叹号，是省略号，还是问号，这一切都需要时间检验。如果能完美地画上句号，那一定是惬意的人生。

爱，是前世的缘分。缘浅缘薄，得益于今生的修炼。而真正能相知相守的爱情，应该是千锤百炼修来的结果。彼此错过，不怨今生无缘，只能说修炼浅薄。因为错失了太多的情爱，所以唯有珍惜今世所有的缘分，去等一个来生。我们常说时光飞逝，是因为爱情里的主角转身太快，来不及道一声别言，就选择另觅枝头。多年以后，我们再来正视这段情感，那真的就是擦肩而过的缘分，是我们多情的执著，作了一场无力的挽留，才诞生了一段不朽的恋情。

一直很佩服一种女子，对待情感总是那样的从容不迫。不急不缓，没有浓郁的热烈，亦没有痛苦的分离。相见亦欢，分别亦可。有这样心怀的女子，是一种修养所致，以内心的底气作支撑，让一切变得坦然。爱情只不过是生活里的一个符号，将一个人的独唱，变成两个人的合唱，然后画上完整的符号。是感叹号，是省略号，还是问号，这一切都需要时间检验。如果能完美地画上句号，那一定是惬意的人生。可惜，爱情在许多时候，打上的全是问号。

看了一些吕碧城的资料，感觉她一生都在被男人追求，然后她总能在拒接中全身而退。这种修炼不是常人所能做到的，那些追求者，明知道吕碧城已经抱定了终身不嫁的决心，但依然穷追不舍，这是怎样的一种痴迷？莫非他们以为，爱情就是一种信念，只要执著，就可以被感动。确实，吕碧城对每一个男人的追求，都铭记于心，都尤为珍惜，虽然没有结果，但在她有生之年，她都与之有一种相守的默契。不能成为恋人，所以一定要成为朋友。

在上海，吕碧城因为经商成功，赚到了大笔的财富，足可以让她安度余生。钱也许真的就是一笔数字，在吕碧城的人生里，她最喜欢的仍旧是文字。许多时候，因为忙于赚钱，而疏忽了文字的乐趣。而吕碧城对于赚钱与文字之间的权衡，就如同是办学还是从政一样，她始终能做到收放自如。享受完赚钱的乐趣，她把人生大好的时光，放在她热爱的文字上。文字的灵性，来源于开阔的视野。那段时间里，吕碧城因为劳累过度，而疾病缠身，于是，她选择了放松心情，出外旅游。

在病愈后的那段寂寞无助的日子里，幸亏有费树蔚陪在身边，让失落的日子有了一些生机。一个人的旅途是孤寂，两个人的旅途则是浪漫。费树蔚退出总统府之后开始经商，这其间，吕碧城与他有过许多的交集。谈生意，谈诗词歌赋，一股莫名的情愫在心中蔓延，彼此的眼神有些异样。也许那就是很多人眼中的爱情，但奈何吕碧城不承认，费树蔚更是不敢肯定。闲暇的日子里，他与吕碧城、彭子嘉相邀乘着秋天的凉意，踏上去莫干山访竹、西子湖觅水、钱塘江观潮的旅途。三人在游山玩水的同时，作了不少的传世佳作。而吕碧城在寂寞红尘中，再次见证了一个男人如水的温情。

费树蔚是一个多情的男子，也是一个极有绅士风度的男人。在吕碧城的眼里，他就是一泓清泉，永远是那样清澈明亮，一眼见底。在翻阅吕碧城资料的时候，我嫉妒于——吕碧城是如此的幸运，她遇上的男人都有担当，而且又极有修养。但其实，有句老话叫——物以类聚，人以群分。只有自己优秀了，你的朋友才会优秀。因为吕碧城自身才华斐然，才会赢得一众男人的尊重与呵护。男人想真正拥有一个女人的芳心，往往都是由尊重开始的。

在与费树蔚结伴游玩的日子里，时间总是过得那样悠然自得。如泉水样，缓缓流淌。而吕碧城的诗词灵性，也发挥得淋漓尽致。在青山绿水的掩饰下，她所有的烦恼洗涤一空。在莫干山游玩的时候，因为晚上气温极低，一个人的夜晚，温不胜寒。半夜起床，写了一首《百字令》。这阕词见景不见人，而人又无处不在，更重要的是贴近自己的心灵，瞬间走入人生的另一种境界：

万峰泼墨，漾红灯一点，径穿幽筱。翠袖单寒临日暮，来御天风浩浩。湍瀑惊雷，筼筜戛玉，仙籁生云表。飞琼前世，旧游疑是曾到。

昨日绮阁香温，宿酲犹殢，谁换炎凉早。争道才华多鬼气，占尽人间幽悄。侵入灵犀，冻余冰茧，芳绪抽难了。驿程倦影，微茫愁入秋晓。

每个人骨子里都有天性的浪漫情结，只是要找到一个懂得欣赏的人。无疑，因为有费树蔚的陪同与欣赏，吕碧城的灵感如潮水般袭来，几天时间里，她居然作了许多首词。因为赏识吕碧城的才情，费树蔚忘记了旅途劳累，竟然感受到从未有过的轻松。我们都渴望被人欣赏，哪怕是一棵小草样，低到尘埃，也希望有人顾怜。生活是公平的，只有会欣赏别人的人，才能被人欣赏。吕碧城欣赏费树蔚的人品，费树蔚欣赏吕碧城的才华。他们的感情就是在这种相互欣赏中，堆积起来。

每个人的一生中，都会经历许多种感情，也会被许多人欣赏。如果把所有的感情都变成是一种成长，未尝不是人生最好的历练。每个人都希望自己的人生像一本书样厚重，被人阅读，也被人喜爱。可是很多时候，我们追逐于红尘中，不是为了爱，而是为了寻求刺激，追求纸醉金迷的人生。这样的人生就像幼稚园的字帖，一个一个排列，不需要过多的鉴赏，一览而过，就能看懂它的全部。吕碧城的人生像一本精美的故事书，只要用心阅读，就能走近她的内心。而费树蔚就是那位读书之人，他不求结果，只求心灵之约。

3. 红颜薄命

一个女子一生总要为爱痴狂一次，才不负这大好年华。女人一生，只要遇上一个懂自己的男人，这一生也就足矣！有人说，世上最遥远的距离，不是生与死的距离，不是天各一方，而是我就站在你面前，你却不知道我爱你。

自古红颜多薄命，每一个女子似乎生来都有林黛玉情结。多愁多病身，而且还有一颗多愁善感的心。遗憾的是，不是每一个女子身边都有一个贾宝玉。作为一卒红颜，如果真的无法逃脱命运的诅咒，不妨自己善待自己。爱情可以浓烈，但一定不要奋不顾身；可以为爱牺牲全部，但一定要保全自己的人格。如果能成功把握好进退尺度，就算爱得猝不及防，爱得天翻地覆，对于情感的突发事件，你也能变得游刃有余。可惜，女人天生情商低于智商，这就是世上为什么有那么多怨女，而痴男却微乎其微。

一个女子一生总要为爱痴狂一次，才不负这大好年华。女人一生，只要遇上一个懂自己的男人，这一生也就足矣！有人说，世上最遥远的距离，不是生与死的距离，不是天各一方，而是我就站在你面前，你却不知道我爱你。那是怎样一种冷漠，冷漠得让人心痛，冷漠得让人想抹杀过往。吕碧城是清醒的，她遇上了懂她的男子，但又能轻易避免心痛。她的情感，在那个荒芜的年代，已经被消磨殆尽。她知道爱意味着什么，因为不能给予全部，所以只能与之淡淡相处。

有人说，汪家的那次退婚，对吕碧城打击很大，因为痛恨封建婚姻体制，所以让她下定了终身不嫁的决心。我以为，吕碧城真正不嫁的原因是——婚姻本身太过沉重。英敛之让她感受到爱的梦幻，严复教会她成熟，袁克文让她看清爱的本质。够了，对于吕碧城这样聪慧的女子，浅尝辄止，不用太深的交集，她已经懂得爱的涵义。如果不能随意给予承诺，何不独善其身，恪守一世清净。然而，爱情并不是你封锁了心门，就可以避开所有。在吕碧城的情感世界里，费树蔚猝不及防地撞了进来，轻轻地叩开了吕碧城尘封已久的心门。

吕碧城的身体状况一直很差，而且有一种自卑感。忽染时病，让她的身体极度虚弱。吕碧城怀疑自己生来命薄魂柔，早晚会步鬼才李贺短命的后尘。费树蔚虽小吕碧城一岁，但他深知吕碧城的性情，在生活中给予无微不至的关怀，在精神上也多是鼓励与赞誉。对于病痛，几乎每一个女子都是胆怯的。并非疾病带来的折磨，而是精神上的薄弱。特别是单身女子，因为缺少知己的关爱，尤其悲观。

费树蔚的安慰如一缕清风，让吕碧城感受到久违的清凉。病痛得到缓解的同时，她又文思泉涌，作了许多的新词。吕碧城有一个心愿，那就是一直想出国留学，感受国外的学习氛围。“寰球中国学生会”创立于1906年，仅1917年9月就有数百名学生赴欧、美、日留学。其后的周恩来、陈毅、蔡和森等都是通过“寰球中国学生会”介绍出去的。吕碧城好不容易抓住机会报了名，没想到病情加重，她再一次被病魔击倒。为了治病，她不得不割舍多年的夙愿。

寰球中国学生会创办的《环球》杂志

吕碧城一直以为自己是坚强的，没想到在疾病面前，再坚强的女子都变得多愁善感。在那些薄凉的日子里，除了诗词，再就是费树蔚的安慰。被人呵护的感觉也是一剂良药，吕碧城在短暂的惊慌后，很快平静下来。她经过自我调节，听从大姐惠如的安排，去汤山温泉疗养。在那里，她按照大夫的指点，每天按时沐浴、按摩和服药，一个星期后，身体渐渐好转，神情为之清爽，温泉的水又激活了她的灵性，一首《绮罗香》，云霞般落

于纸上。

在山上修整养病的那段日子里，费树蔚与吕碧城保持着书信来往。在大姐惠如的关怀下，原本对出国留学之事错失时机的吕碧城，慢慢放下心来。她意识到一个健康的身体，比什么都重要。人生就是一个起伏跌宕不断调节的过程，欢乐与哀愁交替。风起云涌的日子，邀三五知己，煮一壶闲茶，小坐于庭院之中，不问世事，把文字煮酒，谈诗论道。愁云满绪的时候，凭栏而坐，抚琴低语，谈谈人生，一切看上去那样淡然与风雅。时间可以改变一切，时间也能满足一切。

人生有欢才有痛，在汤山温泉静养的日子里，吕碧城收获很多。读书是养心的最好方式，《印光大师嘉言录》她读了不止一次，这位莲宗十三代祖的每一句话，仿佛初夏原野上吹来的缕缕清风，使她的心扉为之顿开，由儒入释，儒佛融合，学佛先学做人，她望着这个神秘的“人”字，常常陷入无边的思考中。人生的许多道理，都是在思考中寻找的。因为看了不少关于佛教的书籍，也就为日后吕碧城走入佛门埋下了伏笔。不过，那时的吕碧城只是借助佛书进行思考，还没想到有一天真的会与佛门青灯为伍。

人生就是一个不断思考完善的过程，滚滚红尘，有太多未知等着我们去探寻。在不经意间，看不清来时的路，又回不到当初的模样。不要求世间万物都做到尽善尽美，但一定要求今天要比昨天好。生命是脆弱的，也是坚强的，只要我们勇敢坚持，就能过好生命的每一天。只要是生命，就有凋零的一天，如果一切无愧于心，所有的凋零都将是一种坦然，一抹尽善尽美的风景。

4. 离别之痛

你走了，带走了生活所有的灵气，只剩下空旷的时间静待人生。有些话，相聚无言，离别时却千言万语。有时候，我们喜爱一个人，相聚的时候，并没有感到他的重要，等到离开的时候，方觉肝肠寸断。

有相聚，就有离别。有些人从你的生活里告退，又有一些人进入你的生活。红尘陌上，我们的经历就像一个一个的站台，认识的人走了，又有一批陌生的人涌入。感谢旅途中有你，从此孤寂不孤单。相聚是为了离别，离别是为了再相聚，生命就在这样一场一场轮回中旋转。离别是一种痛，离别是陈年的伤。在不经意间转身，又在经意间想起。人生自古伤离别，如果早知道相聚是一种痛，何不把所有的相逢写在离别之后。

怀念从前的时光，就如同怀念你的样子。你走了，带走了生活所有的灵气，只剩下空旷的时间静待人生。有些话，相聚无言，离别时却千言万语。有时候，我们喜爱一个人，相聚的时候，并没有感到他的重要，等到离开的时候，方觉肝肠寸断。生活就是这样，在不经意间，明明爱上了一个人，相聚的时候没有来得及表达，等到转身的时候，才知道时间的仓促。出国留学，曾经是吕碧城多年的梦想。为了圆这个梦，吕碧城等待了十年。梦想是支持我们前行的勇气，是我们对未来的寄托。身体调养好后，吕碧城的梦想终于实现。去美国留学之前，碧城特意与亲朋好友告别。而与费树蔚告别时的那一声“珍重”，可谓撕心裂肺。吕碧城这一走，不知道何年何月才能相聚，费树蔚徒感人生愈发的孤单。

在美国留学时的吕碧城

所有的离别，在相逢那一刻已经写好。人只有在即将离开的时候，才会感念时光的静好。费树蔚积学好古，文章庄雅，尤善倚声，是一位诗坛杰才。对于吕碧城的离别，他早有准备，但直到真的要离开，他才知道心中的那份不舍。费树蔚的一首《送碧城之美国》，让吕碧城为之动情，诗中的韵味唯有吕碧城能亲自体会。虽然她不认为这就是所谓的爱情，但她分明感觉到爱的存在。看完诗词后，碧城百回千转，久久不能平静。

所有的伤痛都写在离别之后，所有的情，在离别之后才会明朗。如果没有那场离别，吕碧城与费树蔚还会那样淡淡相处吗？我们不得而知。费树蔚与吕碧城虽是异性，但同声相应，同气相求。袁世凯称帝的时候，他们先后离开北京，碧城到了沪上，费树蔚回到故里吴中。费树蔚深谙吕碧城的身世、性格与才华，常与之诗词唱和。吕碧城也多次去苏州与其相晤游览，还与他的诗友金送岑唱和，以文人士大夫情怀，与费树蔚成为莫逆之交。

有些情注定因遗憾而美丽，有些爱注定没有结果。费树蔚是了解吕碧城的，在他们相处的日子里，是那样的清晰与明朗。精心呵护，不求回报。像父亲照顾子女，像兄长照顾妹妹。可费树蔚分明是一个比吕碧城小一岁的俊男子。他的心事，吕碧城亦是懂的，可惜她给不起，在很早的时候，她已经下定了决心。互相欣赏，却不能相爱，那是怎样的一场离殇。爱了，还有回忆，而他们，只有无期的牵挂与等候。

吕碧城这次赴美留学，无异于给费树蔚平添了一份精神的怅然与牵挂。一直爱慕着，却一直没有说出口。这是一种高尚的自律，也是一种痛苦的折磨。吕碧城出国为圆梦，在写给吕碧城的诗词中，费树蔚用“鹤书早寄珍珠字，百年会有相逢地”来期待下一次相见。费树蔚的诗写得燕赵悲风，云霞意气，泉石般的襟怀。与吕碧城的别离，天各一方，海天苍茫，大有今生不能相见的感怀。吕碧城读着这些金石文字，不禁泪落纸上。

吹云和笙董双成耶？蹑远游履褚三清耶？
霓裳独舞赵云容耶？玉鞭一往李腾空耶？
子今告我适异国，仙乎仙乎留不得。
此心久逐沧溟去，世人那得知其故。
凤城歇浦感苍凉，车鸣枕中梦不长。
戒坛昨夕威凤举，大横庚庚画沙语。
是谁认得凌波痕，金名凤纸双温磨。
旧时仙侣若相忆，雪中小点惊鸿迹。
况我痴骨非仙人，惜子之处子莫嗔。
天涯处处花开落，去往飘然莫泥著。
送之为天河浣纱之行，赠予以阳关咽笛之声。

鹤书早寄珍珠字，百年会有相逢地。

费树蔚字字如珠，船行海上，吕碧城的心仿佛还沉浸在亲朋故旧的告别之中。吕惠如、樊增祥、李经义等人的面孔，如图画般一幕幕从她脑海里飘过，她的心也随之飘荡。这种飘荡让她脑子里一片空白，她像一个没有灵魂的傀儡，随船颠簸。没有依托，没有思想，没有诗，只有日出日落，白天黑夜。在船上无所寄托，吕碧城只好翻出朋友写给她的诗。在一叠叠的诗词信函中，唯有费树蔚的文字，让她思绪翻腾。

吕碧城带走了费树蔚的思恋，他是一个含蓄的男人，想说的话没说出来，唯有用满纸的诗词来缅怀曾经的追念。爱，是一诺千金，费树蔚可以给予，而吕碧城亦无法承受。因为太了解，所以欲言又止；因为太知心，所以欲说还休；因为太爱，所以想永远保留那份纯真。吕碧城带走了费树蔚的诗词，也带走了他的牵挂。他们是那样的般配，又是那样的和谐，但终究不能相爱，因为费树蔚以君子自律，他始终不敢违背吕碧城曾经的誓言。

5. 留学归来

月圆之夜，万家灯火，等待遥遥无期，空守一帘幽梦，独自叹息。对镜自怜，忆昨夜的伤痕，拭去明天的泪水。未来是没有尽头的等候，谁愿意在凄风苦雨中独守，谁又愿意在灯火阑珊处独倚。

一场没有结果的烟花之恋，总以为凭着自己的柔情，能化解你额下的愁眉。孰不知，有些爱，只能感动，却注定无期。爱有起伏叠嶂，总以为用持久的相思，能等待你华美的转身。回眸是一瞬，坚持是一生。看着你决绝离开的背影，知道后会无期，可又迟迟不愿意转身，是为曾经的付出，还是认准你是唯一？世界并不寂寞，相思之苦，让一切看上去那样惨淡。一转身可以抓住喧哗，可因为那一世的承诺，谁愿意轻易忘记过去。

吕碧城的留学之路，带给费树蔚的是漫长的等待。异地相思，唯有用诗词鸿雁传书。吕碧城这一走还真是遥遥无期，大洋彼岸的两地相思，染白了思恋，苍老了岁月。两人再次回首的时候，已经是多年以后。吕碧城在国外吸取着知识的营养，费树蔚在国内的工厂办得风生水起。相思只在慵懒寂寞的夜里，白天的忙碌，可以让人忘却牵挂。也许相思真的有时限，长久的分离，可以让情感回归理性。

在美国这个社会，黑人与白人，穷人与富人，地位有着天壤之别。吕碧城深切地体会到，在中国有的诟病，外国同样都有。什么道德、地位、人格，这一切都是建立在金钱之上的。没有钱，你只能躬身自勉。世态炎凉，因为太多的愁绪，吕碧城对这个世界失望之余，还多了一份怜惜。有时候，言语已经苍白无力，我们唯有用真情来感化身边的每一个人。然世事变迁，有些努力如同雾里看花，让人看上去总是那样的虚情假意。

我们无力改变别人，只有用心做好自己。在那个风雨飘摇的年代，黑暗无处不在。眼里看到的是疼痛，冷却了一颗热烈的心。在那些怅然的日子里，幸亏还有费树蔚给吕碧城寄来只言片语的安慰。可以让她对这个世界不太失望，还抱着一丝绵绵之心。感谢那些冷漠如冰的日子，有人一路相伴。温暖了岁月，温暖了那颗冰凉的心。费树蔚像航海中的一处灯光，无论吕碧城走得多远，他都在不远处跟随。

在哥伦比亚大学学习的日子里，吕碧城对诗词的感悟更是突飞猛进。可以将中西方语言结合，并且运用自如。1922 年 4 月，吕碧城绕道去加拿大温哥华，踏上了归国的行程。回味在哥伦比亚大学学习的感受，和美国这个别具洞天的社会的文明与颓废、飞扬与落寞，在她的心灵里一直点燃着两盏灯——探寻与迷离。有时候，因为不知道前进的方向，我们不得不放慢前行的脚步。所有的豪情壮志，都需要理由。

光阴似箭，吕碧城从美国回到上海，一晃便是三年。长久的思恋，让吕碧城呼朋唤友，急于见到他们一解思恋之痛。约三五知己，踏着曲径通幽之路前行。细雨如雾，一行人吟诗作对，边走边聊。吕碧城低头沉吟道：

娥虹身世本飞仙，神采常流霁后天。
伴我明妆人似月，熟梅佳节雨如烟。
拾翠无从拾坠欢，十年几看六朝山。
人间何事堪回首，莫怪江流逝不还。

吕碧城刚吟完诗词，费树蔚不假思索，脚步踩着记忆，软语掣雷千劫寒灰，从风骨直逼精神，诉诸启迪与理想，把一颗饱经思恋之心呈现在吕碧城面前：

三年几日能欢笑，意外逢君携伴来。
软语一灯留掣雷，定心千劫拨寒灰。
雨中池榭深杯识，应半笙歌倦枕哀。
左江风流垂尽矣，谈何容易刻船回。
市声浩浩说攘夷，汤火魂飞有异辞。
倚柱歌声出金石，报堂英气迈须眉。
武陵招隐晋渔父，泰华登真秦孓遗。

便可一廛相料理，十州风满去何之？

费树蔚可谓是千言万语尽在诗词中了。对着一众友人，他丝毫没有保留思恋之情。三年来，他与吕碧城天各一方，今朝相遇，可谓是相思之苦，相思之痛。感情的事情，就是这样扑朔迷离。压抑得太久，总得找寻一个出口表达。费树蔚把所有的思恋，都写在字里行间。吕碧城读罢，感慨万千，费树蔚的一番深情厚意只得被辜负，她不知道什么时候，自己会有机会偿还。

有人说，爱无须偿还。心中有爱的人是甜蜜的，亦是幸福的。就算没有回报，那种单相思的爱意，也是温温的，暖暖的。可谁知道，月圆之夜，万家灯火，等待遥遥无期，空守一帘幽梦，独自叹息。对镜自怜，忆昨夜的伤痕，拭去明天的泪水。未来是没有尽头的等候，谁愿意在凄风苦雨中独守，谁又愿意在灯火阑珊处独倚。如果没有那些美好的信念做支持，谁愿意一等再等。等老了青春，等老了岁月，而那执著的背影已经永不回头。

6. 爱的守候

有些爱，注定只能依偎；有些爱，注定要给予；而有些爱，注定只能静静等候。爱不逢时，相见恨晚。有些爱很幸福，是因为给对了人；而有些人也很幸福，是因为他们分开了。

你许我一世的承诺，我许你一生的等待，爱是一场守候。有人说，爱是由幻想开始的。幻想是人间最美轮美奂的梦想，多想在你的怀中一醉不醒，分享着你的孤独，独占着你的温柔。一念起，万水千山；一念灭，沧海桑田。如果没有当初的沉醉，我们又何妨这样执迷不悟。所有的承诺都经不起流年

的更替，承诺得太多，所以负担不起岁月的加载。爱背负着使命，承载着未来，言语犹在耳边，而承诺已经愈行愈远。是你我在变，还是时间在改变？

吕碧城与费树蔚最终没有结果，有人说他们相遇太迟，又有人说他们生不逢时。费氏为吴江望族，其祖元镕为休宁训读，父延釐是同治四年进士，由编修洊升宫允，督学河南。盛年引退，始卜宅于苏城长庆里。费树蔚早年即有经世之志。自始不屑学帖括，喜读近代名人传记，过目诵心，十九岁中秀才。费树蔚的聪明才智不言而喻，他不仅是有名的诗家，而且深谙财道，曾任信孚银行董事、吴江县红十字会会长。

男人少年得志，一般都会豪放而粗犷，偏偏费树蔚是含蓄沉稳的男人。有人说，就是因为费树蔚过于沉稳，而让他与吕碧城错失了一段姻缘。爱，有时就是需要直白与坦率。爱，要勇于表达与前进。有多少红尘往事，在犹豫间一闪而过。有多少美好的情感，在迷离徘徊间无疾而终。我们总以为，尊重所有的情感，就能赢来爱的收获。殊不知，爱需要奔放，需要突然间的爆发，不需要循规蹈矩。如果一切都是那么理性，没有真实的暴露，那不叫爱情。爱，需要激情，需要猝不及防的感受。

费树蔚作起诗来，如风驰电掣，立等可取，可惜在爱情上优柔寡断，彷徨不前。也许，这一切都不是费树蔚的错，因为他是一个男人，他有男人的责任。据资料记载，吴大澄奇其才，将七女儿吴本静嫁给他。因与袁世凯长子袁克定同为吴大澄女婿，很得宠信。男人就是一株树，帮女人遮风挡雨，做女人的依靠。我想，以费树蔚温腆的性情，最终还是责任驱使，让他不得不放下这段情。

一个有责任心的男人，才值得女人敬重。吕碧城与费树蔚一直在精神上相偎，正是因为他们人格魅力的吸引，费树蔚知道吕碧城清高的性情，断然不会为了一己之爱而折散别人的家庭。吕碧城是清高独立的，她的世界里可以没有男人。有些爱，注定只能依偎；有些爱，注定要给予；而有些爱，注定只能静静等候。爱不逢时，相见恨晚。有些爱很幸福，是因为给对了人；而有些人也很幸福，是因为他们分开了。

吕碧城与费树蔚都很理智，他们用才情演绎了一场诗情画意的精神之恋。虽然大家都心知肚明，虽然大家都心照不宣，但他们是真的爱了，爱得坦然，爱得洒脱。费树蔚在《信芳集序》中写道：予识吕碧城垂二十年，爱之重之，非徒以其文采票姚也。这样情深意重的语句，也许费树蔚只敢在文字中表达，真的让他亲口说出来，他肯定难以启齿。爱，是尊重。吕碧城是他心中的女神，只能仰视，不可能随意玷污。

费树蔚书法

“丙寅初夏又送君去国，自是以后，江左骚然，以我念君，知君念我。”这是《吕碧城集》中费树蔚为吕碧城作序中的句子，由这些语句里，我们不难读出一个大男人对女人的期待。费树蔚小心翼翼地呵护着与吕碧城的这段感情，生怕一不留神溜走。他们相知相偎，始终保持着心中的那份纯粹，不让彼此受到伤害，不忍破坏爱情带来的那份美感。“以我念君，知君念我”，这句话多么情深意切，在生活中的费树蔚不敢轻易表白，只能在字里行间舒展情怀。

有些爱，用语言表达很苍白，唯有用文字记载才能沉淀。费树蔚没有对吕碧城亲口表达爱意，但他用他的文字表达了，这不得不算是一种勇气。明知道与吕碧城没有未来，但他还是要说出来，这是一种气魄，是男人的担当。爱没有结果，并不代表没有爱过。时光如流，我们辜负了太多的美好，但一定不能辜负爱情。看过的风景也许可以重来，而逝去的爱很少会回头。不能拥有，一定要记载，记载爱的从容，爱的无悔。

往事像一阵风，吹过所有的枝头，却总带不走岁月里的那抹清愁。如果没有当初终身不嫁的誓言，吕碧城是否会被费树蔚打动？我想不会。吕碧城是那样的清高与洁净，世事变迁，她的心早已被红尘里的诟病伤害。夜未寒，心已凉，看了太多的世态炎凉，对许多美好的绝望，让她不敢轻易碰触爱情。费树蔚是吕碧城的情感支柱，我相信，吕碧城对费树蔚一定深爱过，只是怕伤害彼此，所以缄默于心。

费树蔚爱慕了吕碧城一生，也爱护了吕碧城一生，唯一的遗憾便是先吕碧城而逝。那一年，费树蔚恍然离世，带走他一世的才情，也带走了吕碧城那颗孤寂的心，她挥笔写下了词作《惜秋华》。吕碧城的这首词写得如泣如诉，费树蔚如果泉下有知，一定能感受到碧城的心痛。

十载重来，黯前游如梦，恍然辽鹤。悽入夕阳，依稀那时池阁。人间换劫秋风，催蘋谱金荃零落。忆分题步韵，惊才犹昨。

横海锦书绝，枭山阳怨笛，旧情能说。甚驿使，传雁讯，蓦逢南陌。长思挂剑延陵，倘素心，逝川容托。凝默。啸寒岩、万楸苍飒。

人生有很多种缅怀，唯独凄美的爱情让我们铭记于心。爱情无关对错，只要我们无愧于心，就值得感怀。生于夏花般灿烂，死于秋叶般凄美。凄美之爱，绽放在最美的时刻，如昙花一现，回味起来总是让人柔情万丈。在那些波澜不惊的日子里，总有一些人，让我们至死难忘；总有那么一些情，让我们铭记于心；总有那么一段旅途，让我们流连忘返。爱情像一个驿站，来来往往，有繁华，有落魄，孤独与喧嚣交替，谁是谁的曾经？

第七章

有缘无分

——世事巨变错过道家风骨（陈撄宁）

吕碧城与陈撄宁同为异乡沦落人，相似的经历，相似的梦想，相似的追求，成就了他们的交往。只可惜，落花有意流水无情。在与陈撄宁交往的瞬间，吕碧城有些心动，但终究还是选择离去，让陈撄宁一生不得其解。

1. 心灵释放

爱，是一种陶醉，吕碧城的每一段情都婉约缠绵，又让人心旷神怡。她没有给自己负担，也没有给他人压力。她屹立着，睁大双眼看着自己曼妙的舞姿以最优雅的姿势谢幕，然后给人一世的念想。

佛说，前生五百次的回眸，才换来今世的擦肩而过。佛说，前生五百次的擦肩而过，才换来今世的相遇。佛说，前世五百次的相遇，才换来今生的相守。而有人说，如果可以，能否用五百次的相守换来一世温馨的回忆？在回眸中相遇，在相遇中回眸。相守是一种责任，亦是一种束缚。我们负担不了明天，何必要捆绑未来？像一枝莲花开在池塘，静静地开放，静静地凋零。不拥有你的未来，也不占有你的过去。孤芳自赏着，却有人给你一生的守护与温柔，装扮着你的美丽，在最繁华处凋零，留下一池秋水无尽的等待，用短暂的繁华，换你一世的思恋。

有等待，就有守候。等待是期盼，守候需要责任。红尘繁杂，因为怕辜负了一世的期待，所以唯有洁身自好。吕碧城像池塘里的那一朵莲花，静静地开放，静静地凋零，而每一次的凋零背后都有些许温柔与缠绵的回忆。生命在洁净中轮回，离开过，但从来不曾远走。她像落人凡尘的仙子，掌握着自己的方向，亦不辜负眼神背后的深情。爱，是一种陶醉，吕碧城的每一段情都婉约缠绵，又让人心旷神怡。她没有给自己负担，也没有给他人压力。她屹立着，睁大双眼看着自己曼妙的舞姿以最优雅的姿势谢幕，

然后给人一世的念想。

英敛之是爱她的，袁克文是爱她的，费树蔚是爱她的。而她也爱着他们，人生无常，因为太多的责任，太多的理想，让她不得不放下儿女情长，去作更深层次的思考。如果能给予，就一定要爱得痛痛快快，然而对于感情，吕碧城是吝惜的，相对于她的理想、她的追求，她宁愿选择后者。她想给予，却不得不听从内心的召唤。每一个洒脱的背后都藏有辛酸，欢颜写在脸上，忧伤留给自己。

人生在世，我们有太多的烦忧。亲情的阻隔，理想的怅然，身体的疾病，大自然的天灾人祸。吕碧城是一个善于思考的女子，大姐吕惠如的离世，二姐吕眉生的冷漠，这些让吕碧城看到了世事无常与人性的隔阂。抱负不能施展，理想无门，身体越来越差，接二连三地生病。兵戈不断，大自然以它的凶猛带给了人类最沉痛的报复。在这个水落三秋的季节，北方却传来了大水为患的消息。吕碧城慈悲为怀，她不仅奔走各界劝募，还自己慷慨解囊，捐大洋十万救助灾民。樊增祥对她大加赞赏，写书信称赞她为巾帼英雄。

树欲静而风不止，所有的挣扎在死亡面前显得微不足道。我以为，吕碧城称之为巾帼英雄应该当之无愧。男人能做到的事情，她亦能做到。巾帼不让须眉，她给全社会的妇女做出了典范。在灾难与死亡面前，人表现出的更多是担忧与恐惧。国难当头，加之身体的虚弱，吕碧城徒生一种极度悲观的厌世情绪。去香山拜访英敛之夫妇时，她感慨叹息说——十年岁月如白驹过隙，如今一切皆空，只落得一身病痛，难道这就是命运给我的回报？

在现实面前，没有人不贪生，没有人不怕死。而吕碧城并非苟且偷生之人，身处困境的她在极力寻求一种平衡，既然有理想要为之奋斗，那么一定要保全一个健康的体魄。在迷茫之中，1916 年秋天，吕碧城经朋友引荐认识了由北京游学回到上海的陈撄宁。

陈撄宁道号“圆顿子”，生于清光绪六年。原籍安徽怀宁，世居安庆苏家巷。幼承家学，熟读儒典。十岁读《神仙传》，即萌生学仙之念。稍长，考中秀才。因患痨疾，从叔祖学医，同时试做仙道功夫，逐渐恢复健康。

陈撄宁是一个恭谦的男人，性情温和，而且洞察人性。对于一代才女吕碧城的造访，他致以极高的热情款待。修道是件困难之事，必须性、命双修，聪明智慧皆为障道之魔，修行人务以沉神汰虑，寡欲清心为主，成功虽缓，流弊较少。陈撄宁耐心讲解，吕碧城不时提问，在一问一提中，两个全然陌生的人却如同期待了许久的重逢。陈撄宁少年的时候，身体羸弱，受尽磨难，转而修道，希望能领悟命理的规律。吕碧城这些年过着颠沛流离的生活，虽然物资丰厚，但终究还是一生病痛。

陈撄宁

吕碧城与陈撄宁两人并没有深入的交集，他们淡淡地相处，淡淡地交流，然后淡淡地走进彼此的内心。就仿佛两片不同的叶子长在同一棵树上，同一条枝干上，彼此在凝望中产生默契。陈撄宁喜好诗文，吕碧城更是诗词高手。两人经历虽大相径庭，但生活的磨难让他们找到了共同之处。吕

碧城身体堪忧，陈撄宁早年身体状况极差，因为学道而得到改善。在诗词上，陈撄宁把吕碧城当成老师。对于道学的感悟，吕碧城把陈撄宁当成前辈。

很多时候，我们沉迷于湖光山色中，仅仅是一种趋步于行的欣赏。山的叠嶂，水的静美，树的婀娜。当真正留步凝望，忽然发现每一种景色都有它的独特。险峻的山峰是供人攀爬的，潋滟的水光是供人幻想的，清凉的树荫是供人歇脚的。每一种生命都有涵义，只要你愿意领悟。每一种生命都有不同之处，因为世上没有两片相同的树叶。只要你愿意聆听，就能听见花开的声音。大自然的宁静与繁华，只要你用心感悟，就会有不一样的收获。

2. 修道之惑

每一次的思考都是一种启迪，每一次的启迪都是一种探讨。苦难带给人们的不仅只有创伤，还有一份成熟与坚韧。生活虽然赋予了我们太多的羁绊，但其实，经历过痛苦的抉择后，得到的远比失去的多。

活着是一种修行，在喧嚣中升华，在寂寞中思考。刻骨修炼绝不是为了来世，而是为了今世的无悔。我们祈求身体安康，绝不是为了长生不老，而是因为有许多的心愿未了。亲情、爱情、友情，这些都是一生的牵挂，好好地活着，就是对情感最好的交代。生命是一个漫长的过程，有时候，被厌世的情绪笼罩着，真的想一走了之。对于逆境中前行的人，活着就未必比死好，但死绝不是最好的解脱。且不论人走了之后，身边的人会悲伤欲绝。那些曾经踌躇满志的梦想，曾经狂热的追求，去给谁一个交代？人之所以能坚持到最后，全靠那一丝信念犹存。

不要怪自己太软弱，也不要怪自己不坚强，当所有的信念被摧毁以后，我们还能做什么？吕碧城与陈撄宁的相遇就是在绝望的时刻，疾病的侵袭，梦想的破灭，这一切的一切，都让吕碧城感受到前所未有的恐惧。失望之余的坚持，再坚持，然后努力，然后还是失望。有人说，船到桥头自然直。但其实是——生活有时就像一面墙，如果想通过直行，势必毁掉一些才能再建立。有谁愿意毁掉多年坚持的信仰，然后重建希望？

在吕碧城孤独无援的时候，陈撄宁与吕碧城讲道谈诗，这应该是吕碧城身心恢复的一种修炼。仙学，对于吕碧城来说，是一个陌生的领域，几日的谈经论道后，陈撄宁介绍了一些好的书籍供吕碧城参考。譬如，孙不二的《女丹十则》，虽然对此书的作者颇有争议，但女功内丹诗对修炼大有帮助。还有曹文的《灵源大道歌》，陈撄宁对吕碧城说，如有兴趣，可以一起探讨。由陈撄宁处告辞，吕碧城是激动兴奋的，回去以后，即以《访撄宁道人叩以玄理多与辩难归后却寄》之诗相赠：

妙谛初聆苦未祥，异同坚白费评量。
辩才自悔聪明误，乞向红闺恕狷狂。
一著尘根百事哀，虚明有境任归来。
万红旖旎春如海，自绝轻裾首不回。

陈撄宁亦用诗词回赠——《答诗次原韵》：

蒙庄玄理两端详，班史才华入斗量。
莫怪词锋惊俗耳，仙家风度本清狂。

翠羽明珠往事矣，化身应自蕊宫来。

天花散后空成色，云在青霄鹤未回。

由两人一唱一和的诗里，我们不难看出两个孤寂的人找到了人生的共性。陈撄宁善于思考，吕碧城也善于思考，当生命之舟无法加载的时候，我们只有停止前行的脚步，多给自己一些思索。在那段日子里，吕碧城的心扉被陈撄宁的诚意打开，他们在谈仙学之余，还谈论诗词，谈人生。因为同为安徽人，他们用乡音交谈，听上去那样的亲切，也那样亲近。两位同在异乡漂泊之人，有着同样的沧桑，同样的感受，同样的期待。

每一次的思考都是一种启迪，每一次的启迪都是一种探讨。苦难带给人们的不仅只有创伤，还有一份成熟与坚韧。生活虽然赋予了我们太多的羁绊，但其实，经历过痛苦的抉择后，得到的远比失去的多。因为我们多了一份坎坷，多了一份顽强，多了一份成熟。吕碧城与陈撄宁同为异乡沦落人，相似的经历，相似的梦想，相似的追求，成就了他们的交往。两人在潜心修道的同时，都被彼此的人格魅力深深地吸引。

那段日子，留给吕碧城的印象是新鲜而深刻的，仿佛又沉入一个玄奥里，令她神情飞扬，又让她冥思苦想。修道了一些时日以后，身上的病痛也随之抛到九霄云外。吕碧城是一个理性之人，对世事万物都有自己的思考，不会随波逐流。在陈撄宁讲道的时候，她不时提出一些非解与疑问。跟智者辩论，事物越辩越明朗。在与陈撄宁一问一答中，吕碧城明白了道学的渊源，同时也看出了道学的深奥。

有人说，认识一个功底深厚之人，就好比拿到一本好书。书中的内容不可全信，但也不可一点都不信。取其精华，去其糟粕，一本书看完，总能找到你想要的东西。假如这本书真的对你全无用处，但至少它给你提供了思考。人这一生中，会看很多的书，也会接触许多的人。但在多年之后，真的有几本书让我们过目不忘，又有几多人，让我们记忆犹新。能一直珍藏在记忆里，肯定是一本受益匪浅的好书，能一直保持来往的，一定是志同道合之人。

3. 淡然相处

淡定的人生，是一种修炼所致。在情感中，很少有人能做到淡定自如。有多少错误的情感就是因为太过专注而做出错误的判断。

人生就是一个不断自我完善的过程，无论遇上何种人，都是一段记忆。世界也许没有你想象的那样猥琐，但一定也没有你想象的那样美好。我们唯一能做到的是珍惜生命中的每一段相遇，珍惜生命中的所有过客。每一次与你擦肩而过之人，既是相逢，也是告别。我们不必计较太多，也许在不久的将来，你无意中惊扰了别人的清梦，做了别人生命的遐想。

所谓的缘分，没有太多的讲究，遇上了就得珍惜。在吕碧城的生命里，曾经有过很多的缘分，来来往往，珍惜过，努力过，但最后都是道一声珍重，互相别离。没有太多的凄楚，没有怨恨。似乎在相识之初，大家就已经准备好了结局。这种极致的爱情，在生活中是可遇不可求的。开始是那样的纯粹，分别也是那样的自然。没有承诺，只有淡淡的依恋，淡淡的牵挂。结局早已写好，而谁又能轻易舍去当初？

有人说，吕碧城与陈撄宁之间有一种默契，类似于爱情，但又好像是友谊。资料的记载不是很全面，如果真的要给他们一种感情，我以为用“似友似情似爱”更加确切。他们像朋友一样交流过，又像知己一样推心置腹过，然后还像恋人一样互相牵挂过。可以肯定一点，吕碧城是一位心高气傲的女子，就算她以友谊之情与异性交往，但因为她清醒桀骜的性情，难免会让异性产生一些渴望与幻想。窈窕淑女，君子好逑，面对这样一位倾世脱俗的女子，哪一位男子会不动心？

吕碧城因为专心修道，身体似乎真的在一点点好转。因为有一些感悟，她与陈撄宁的讨论愈加深刻。由陈撄宁记载的“三十六”问中可以看出，吕碧城困扰很多，而所问的问题极为深奥。好在陈撄宁对道学的领悟颇深，吕碧城的每一次提问，他都能游刃有余地解释。但，就算这样，吕碧城还是不得其解，困惑不已。不可否认，吕碧城是天资聪明的女子，但聪明也讲究天分，不是只要聪慧就能悟透所有。

《扬善半月刊》

吕碧城在诗歌上与陈撄宁能互相唱和，可在修道上，两人之间还是有差异的。在《扬善半月刊》三卷二十三期，有一段钱心君的来函问道。来函问道就是答读者问，第一问是：世上有无绝对真理？答，陈撄宁莫测高深地写了四五百字，最后告诉那人，绝对真理就是——有口不说，有心不想。二问：为何贵刊专讲长生术？答，又是四五百字，陈撄宁展示了一种逻辑关系——要想拯救世界，非有神通不可；要有神通，非得长生。最后的结论竟然是——假使一个人没有神通，还是早点死了吧。

由陈撄宁对钱心君的回复中，我们可以看出，他的语气虽然戏虐，但也是锋芒毕露之人，这一点与吕碧城极为相似。人之所以能成为朋友，大多是因为有相同的兴趣与志向。然后随着时间的加深，异性之间的吸引，多少有一些暧昧复杂的情分掺杂在里面。吕碧城与陈撄宁互相倾慕，是因为他们看到了各自身上的优点。吕碧城的诗词造诣高深，而陈撄宁对道学掌握了一定的功底。在那段日子里，吕碧城虽然没有悟透仙学的玄机，但有这样一个友人与她谈诗论道，也是一种收获。

男人要想占领一个女人的思想，他就必须有稍胜一筹的本领，才能赢得女人的崇拜。而女人要想赢得男人的好感，她就必须洁身自好，还要修养非凡。女人喜欢高深莫测的男人，而男人喜欢清灵如水的女子。不可否认，异性之间，如果有这些作基础，原本简单的感情，很容易转换为爱情。

资料的记载并不明朗，但从陈撄宁写给吕碧城的一些书信中，我似乎可以感觉到他们相爱过。只不过，爱得太含蓄。陈撄宁是有妇之夫，他不可能放下家庭，像年轻小伙子样对爱情那般狂热奔放。而吕碧城本就心高气傲，对男人，她自有她的判断与追求。有人喜欢长久的相守，有人喜欢短暂的热烈，我想这两点，应该都不是吕碧城想要的，她需要的是淡淡的相知，然后淡淡的牵挂。由吕碧城的几段情感，我们可以看出，因为太过脱俗，所以她把一切看得很淡，所以在她的情感世界里，一切都是那样淡然，那样清新。

淡定的人生，是一种修炼所致。在情感中，很少有人能做到淡定自如。有多少错误的情感就是因为太过专注而做出错误的判断。我们原本只想相识，没想后来生出一种情愫，然后又多了一些牵挂，最后还想终生相守，再然后不得不给对方一个交代。很多的时候，有些情感像赎罪，因为一些不合时宜的场合，做出了不可控制的冲动，然后不得不为对方负责。那样的情感，不是爱情，顶多只能算是激情。真正的爱情是两情相悦，而且一方无论做出何种选择，彼此都能站在对方的角度思考。

4. 修道无缘

每一种选择，都决定了你未来的命运。执著的人固然艰辛，但因为有信念作支撑，也能自得其乐。优柔寡断的人，总会在错失中反省。固步自封的人安于现状，但总有一天会被淘汰。

生命是一个漫长的过程，淡定是自身修养所致，以一种从容的脚步前行，就算人生再怎么跌宕起伏，也能处变不惊；欲望是无底的黑洞，刹那之间，就可以万劫不复。很欣赏那些淡定自如的女子，有着绝美的容颜，却从不以容貌俱佳而高高在上。很欣赏那些有才华的女子，却从不居功自傲让自己看上去高人一等。无欲则刚，当一个人对你视而不见的时候，你所有的骄傲都不过是一具造型。姿态优美，却无人欣赏。做一个淡定从容的人，更能赢得骄傲。

吕碧城是独行独往的女子，在她的情感世界里，亲情一直是她的困惑。小妹青春而亡，让她一直不得其解；母亲的猝然离世，让她伤心了许久；大姐惠如中年伤逝，让她看到了恐惧。人的性情里都含有胆怯，亲人接二连三地离去，使得吕碧城不得不思考命理的玄机。吕碧城修道并不是为了祈求长生不老，而是一种淡淡的修行，她想在未知的生命里寻求答案。然而在那段修道的日子里，吕碧城虽然花费了不少力气，但并没有悟透道家的思想。她总感觉万象纷纭，费尽心机，难得其奥。她无法用智慧与想象来潜心挖掘，而此亦不像诗词创作，能够陶醉在奇光异彩之中，自由驰骋，怡然自得。这就是修道的奥妙之处，道结有缘人，可见不是每一个人都能走近道家，不是每一个人都可以修道。

修道的四大境界——炼精化气、炼气化神、炼神还虚、炼虚合道。在这些虚虚实实的修炼中，吕碧城始终悟不透道教的真义。今生没有悟透，把所有的问题留给来生，这应该是茫然的。吕碧城始终在思考着这个世界，思考着人生。她虽然承认灵魂的存在，可是一个诚实严谨的学者是不盲从的，所以，有时又觉得这种结论似是而非。她最终还是没有弄清楚物质世界之外，到底有没有灵魂世界。

关于灵魂，我想只要是凡人，大多有过这样的思考——人真的有灵魂吗？我以为，灵魂是迷茫时一种美好的期盼。它寄托着希望，承载着未来。因为太过孤单，所以在迷离中寻找共鸣。在孤寂的人生中，寻一处安静的处所，释放心迹。灵魂是孤独世界的精神伴侣，可以低喃自语，可以顾影自怜。它可以与你厮守终生，而不会有丝毫的背叛。因此，灵魂是孤立无援之人的一种祈祷，在无底的深夜里相守，在每一个黎明前消失。

在中国浩如烟海的史书中，无论是正史还是野史，都有关于灵魂的记载和传说，难道古人都是编造谣言？吕碧城本着求实的心态，认为学者之正当态度，在于对任何事物，苟欲坚决否认之，须指出确实之反正，否则宁保留，以待研究。若轻率武断，则浅陋不智人耳。我想吕碧城的观念应该代表了大多数人的看法。吕碧城不能走近道家，也正是被这许多的未知因素阻拦。对于生命的未知领域，我们可以困惑，但绝不能盲从。

吕碧城总是那样清醒，就算走入了生命的低谷，她还是相信自己的直觉，因为她是一个善于思考的人。她是那种经过思考辩论，才能接受某种真理之人。吕碧城早年对诸子百家都有涉猎，被道家奉为经典的《道德经》五千言早已烂熟于心。所有道家术士们服丹炼气、求长生的做法，吕碧城是不以为然的——似有欺师灭祖之嫌。所以，她在《浣溪沙》中写道：

天马行空踏落霞，梦游西极看琼花。梦回依旧滞年华。

人世早知身是患，长生多事饵丹砂。五千言外意无涯。

由此可以看出吕碧城对道家的态度。虽然与道家无缘，但吕碧城与陈撄宁的那段神交一直还在。他们在一起精心打坐过，在一起探讨过生命的未知领域。由陈撄宁记录的“三十六问”中，我们可以看出他们当时的契合。我们每天会面对许多的面孔，但不是每一张面孔都值得我们注意，也不是每一张面孔都会让我们停留。能在生命里留下印迹的，当是让我们为之动容与心动的那一瞬间。

吕碧城是心高气傲的女子，但同时也是谦逊之人。她虚心好学，虽没有走进道家的殿堂，但由陈撄宁身上学到了坚强与持久。陈撄宁是一个极具智慧的道人，虽然对于道家的学问领悟颇深，但也有不得其解的时候，用急智化解疑难是生活的提炼。吕碧城之所以能与他一起修道，正是因为由陈撄宁身上看到了人性的光辉。修道之人必备的修养是淡定，吕碧城虽然修道没有成功，但她与陈撄宁那份精神契合、那份友情一直还在。

人生如梦，人生如戏。信念到底是什么，在不同的人眼里有不同的况味。执著坚强的人，能看见远方；优柔寡断的人，收获的是迷离；固步自封的人，只能坐井观天。每一种选择，都决定了你未来的命运。执著的人固然艰辛，但因为有信念作支撑，也能自得其乐。优柔寡断的人，总会在错失中反省。固步自封的人安于现状，但总有一天会被淘汰。生活中，我们有许多的负累，前行的路途举步维艰，但如果能勇于向前，这未尝不是对未来最好的交代。

5. 遗憾转身

做一个清醒于世的女子，这应该是吕碧城身上最大的优点。在理性中富有感性，所以她总能让生活中的一些异性对她怦然心动。发乎情，止乎礼，这是吕碧城最清高的姿态。

生命是一个漫长的过程。小时候，我们总嫌自己成长得太慢，对外面的世界充满向往，却缺少独自前行的勇气。长大了，我们嫌自己衰老得过快。经历了太多纷杂的世事，可能让我们一夜之间容颜沧桑。壮志未酬誓不休，青春像一首歌，我们总以为人生会被书写得满满的。谁知道才“哼哼”了几句，来不及谱曲，来不及填词，时光已经从我们身边悄然滑过。我们在红尘最深处忙碌，来不及怀念旧时的模样，来不及跟身边的人道一声珍重，时过境迁，世界已经物是人非。过往，像一道烟花，曾经的热烈早已化作淤泥，前路仍旧远兮！

人都有两面性，勇敢与懦弱交织。有人说吕碧城的思想与观念都是勇敢的，而在情感方面，她有一些懦弱。我以为，吕碧城在情感方面亦是勇敢的。她认真对待每一段感情，不能善始善终，是因为感情里附属的东西太多。试问，有哪一个男人能像她这样纯粹？真正爱过的人，会懂得放下，放下才是真正的勇敢，成全别人，保存那份美好。很多人误以为吕碧城理性得清高，清高到终生不嫁。但其实，如果没有找到可嫁之人，独身也许是最好的托词。碧城是感性的，虽然她个性清高，但并非绝情寡欲。她早年游历山东一带时，曾填过一阕《浣溪沙》：

残雪皑皑晓日红，寒山庸俗旧时同。断魂何处问飞蓬？
地转天旋千万劫，人间只此一回逢。当时何以莫匆匆。

这是一首纪念爱情的诗词，有人分析，吕碧城写这首诗的背景，应该是当她踽踽独行在冰雪覆盖的群山之中时，遇到了一位令她怦然心动的男子。也许是他的仪容风采，又或是他的言谈举止，在刹那间像雷电般震撼了词人的心灵。但她未能把握住这片刻即逝的机会，那人如惊鸿一瞥般逝去，留给她的只是“何以莫匆匆”的怅然。由这首诗词我们可以看出，碧城是感性的。她有怦然心动的瞬间，她也向往萍水相逢的情感。只不过，在很多时候，感情的不如意，让她不得不找一些理由来掩饰心迹。

关于吕碧城与陈撄宁的相遇，坊间有很多的猜疑。有人说他们彼此靠近过，又有人说，那只不过是一场修行，因为男女有别，而给了人们口舌之争。而我以为，吕碧城对陈撄宁一定怦然心动过，而陈撄宁对吕碧城也有发自内心的渴望。爱情的浓烈有时候取决于人的思维，两个过于感性的人相遇，一定能碰出激烈的火花。譬如，徐志摩与陆小曼。徐志摩是一个感性的人，爱了林徽因许多年，因为林徽因的理性退出，让一段看上去非常热烈的情感，最后不了了之。同为女人，陆小曼就比较狂热，所以很轻易地就与徐志摩演绎了一场旷世之恋，至今还被人们津津乐道。

1916 年陈撄宁借夫人吴彝珠（西医医生）在上海民国路自设诊所行医的机会，他也一边行中医，一边继续研习仙道修养法并从事著述。吕碧城与陈撄宁两人正是在那时相遇，陈撄宁以宣扬此术济世，1917 年 7 月间，在学生们的赞助下他创办了《扬善半月刊》，由上海翼化堂出版，倡导和推广仙道养生法。他竭力主编这份独一无二的仙学刊物，无时或怠，他对自己学得和悟得的修养方法与体验，从不矜为独得，对友人及学生从不保守。所以说，陈撄宁是积极向上的，他不仅讲道，而且济世。吕碧城虽然修道半途而废，但她终究对陈撄宁充满了感激。

做一个清醒于世的女子，这应该是吕碧城身上最大的优点。在理性中富有感性，所以她总能让生活中的一些异性对她怦然心动。发乎情，止乎礼，这是吕碧城最清高的姿态。有人说吕碧城的眼界极高，所以在现实中找不到理想的男子与之匹配，与陈撄宁的一场神交就这样中途谢幕。吕碧城的飘然离去，让陈撄宁不得其解。陈撄宁最后成为中国道教协会主席，为了纪念与吕碧城的这段交往，在他后来的著作中，欣然写下了《答吕碧城女士三十六问》。“三十六问”至今相传于世，如果我们非要给吕碧城与陈撄宁的交往找一个“爱”的答案，“三十六问”也许是最好的证明。

爱就要爱得洒脱，爱就要爱得清高。吕碧城的爱情总是充满了传奇色彩，让世人念念不忘。每一段情都让人充满幻想，感觉合情合理；每一段情又让人感觉意犹未尽，欲罢不能。人的一生，性格决定了命运。太过清醒的女子，在爱情里也难得糊涂。有人说，女人的情商永远低于智商，而碧城是情商与智商相驰，总能让自己处于不败之地。写到这里，心里要暗赞那些情商低下的女子，正因为难得糊涂，所以她们的感动无处不在。

有人说，吕碧城的情感就仿佛一本书，写尽了风流，也写尽了华丽。她的每一段情都与文字相关，诗词是她与异性认识的桥梁。先文后人的认识，让异性眼前一亮。由文字之间的高贵，转移到她赏心悦目的容颜，她总能让男人过目不忘，魂牵梦萦。与她交往的男子，一定都具有深厚的文字功底，

还有极为渊源的家世。但随着时间的深入，彼此的渗透，她总在最恰当的时候选择了华丽转身。不是她不敢负担未来，而是生活里有太多牵绊，让她不得不学会淡定。她不想伤害生命中的任何人，所以亦不会被任何人伤害。

第八章

游走他乡

——耿耿誓言宣扬中华

留学是吕碧城年轻时候的梦想，中年的时候，她终于有机会到国外学习，这不得不说是一种安慰。生活中到处都有污垢，在国内看到的弊病，国外都有。吕碧城在逃离与退缩中犹豫，只可惜，无论哪种选择都无法圆满。

1. 哥大求学

错过了阳春白雪，一定不要再错过风轻云淡。困惑如同泥团，当我们放下所有，让心无所羁绊，明天将又是一个艳阳天。在一次次扬帆中起航，只要寻找到起点，就一定能等到彼岸花开。

青春易老，韶华易逝。在有限的时光中，我们当不负这大好年华，为了心中的宿命，去多做一些值得自己期待的事情，去游历一些梦中期待的风景，去完成更多未了的夙愿。没有什么缘分可以维系一生，再华丽的相聚也有散场的时候。我们唯有保持从容不迫的姿势，离别的时候，多给他人一些期待。也许从此咫尺天涯，也许从此杳无音信，但你的芳容，你的华丽外表，像浸透温柔的梦，在心中缠绕挥之不去，直至相思成疾。

爱似一首歌，在不老红尘里低喃轻语，惊艳了时光，绚烂了芳华。温柔岁月里，爱总是那样短暂，人未老，而心已伤。执子之手，与子偕老，听上去固然美好，但许多时候成了空头承诺。爱情里，伤害无处不在。想要避免为情所伤，最好的方法是遗忘。忘记爱恨情仇，忘记曾经的温柔。独自前行纵然孤单，但新的旅途会收获一段记忆，来填补空白。吕碧城这一生都在忙碌，寻找理想，寻找爱情。乱世红尘，烽烟四起，虽然受到惊扰，好在她是那样的清醒与独立。

人这一生最大的坎坷莫过于伤痛，错失亲情，错失爱人，错失理想。因为身处动乱时期，所以吕碧城这一生错失了许多东西。英敛之与她渐行渐

远，严复有自己未完的事业，袁克文亦不是她最爱的男人，与费树蔚相知相爱但不能相守，与陈撄宁道不同不相谋。纵有满腹才情，但仍旧举步维艰，很难找到才华的用武之地。动乱时期，吕碧城最大的困扰是迷茫，总在寻找中彷徨。前路迷茫，一个人经历太多，越往前走，越会小心翼翼。

纵然前途未知，但吕碧城是高雅洁净的。虽然一直对命运与未来感到困惑，但她的每一步足迹都写满了优雅与淡定。在国内她与一帮文人雅士交往密切，到了国外，她还是那样优雅风趣，在一个全新的环境里，用不了多长时间，她总能找到一些符合潮流的契机，无论是普通工人，还是高高在上的达官贵人，她总能与他们打成一片。在那个年代，女人出国留学的不多，所以吕碧城知道自己不仅仅是中国留学生的一份子，还代表着中国两万万女同胞的形象。国内有的弊病，国外同样都有。而她以宽容的姿态看待一切，她也许改变不了别人，但她可以改变自己的言行，用她的行动来感化周遭。

游玩美国旧金山后，吕碧城进哥伦比亚大学进修。在哥大吕碧城进修的是英语与绘画，吕碧城是那样的专心致志，那样的谦卑恭敬。为了提高自己的英语水平，为了不做言语的“鹦鹉”，她利用假期时间来翻译派特饶伯子所著的《美利坚建国史纲》。这部书分历史、地理与政治三章，直到回国后的 1925 年才告完成，并由大东书局出版。由这点我们可以看出，吕碧城是何等的聪慧好学。留学只是她生命里的一个过程，而她对每一个过程都是那样的用心与努力。

我们努力学习，并不是想把某一领域吃透，做出成绩，而是一种习惯。习惯了认真，习惯了自律。生活就是这样，对于某些陌生的领域，我们惴惴不安，以为它就是一座碉堡，攻下很难。但其实，当你真的用心投入的时候，发现不过如此，困难最怕的是“认真”二字。工作如此，爱情也如此。吕碧城在哥大潜心求学，跨越了一道道看似不可攻克的难关，取得了斐然的成绩。

在哥大留学，学校有规定，国外非公派生，一律以旁听生资格完成学业。吕碧城后悔晚来了十年，如果她英语早点过关，她应该是第一批留美生，可以与宋庆龄同学。吕碧城现在的年龄早已经超过了求学的黄金时段。吕碧城在嗟叹命运无奈的同时，唯有付出更多的努力来了却心中的夙愿。吸引吕碧城到哥大留学的不仅是学校的环境与名师，还有国内影响很大的高端知识分子，譬如，胡适、孙科、宋子文、顾维钧、蒋梦麟等人，都毕业于哥大。

每个人都有人文情怀，与名人一起成长更能探寻到生命的真理。胡适、宋子文等一批有志之士是时代的名人，亦是吕碧城曾经追寻的对象，与他们失之交臂碧城甚为惋惜。人生不如意十有八九，而生命的意义在于不断追求。生活就是一部博大精深的书，深厚的人会用心对待每一个词典，浅薄的人如同雾里看花，一闪而过。因为领悟浅显，所以在生活中错误百出。错过了阳春白雪，一定不要再错过风轻云淡。困惑如同泥团，当我们放下所有，让心无所羁绊，明天又将是一个艳阳天。在一次次扬帆中起航，只要寻找到起点，就一定能等到彼岸花开。

2. 彼岸花开

一树花开荼靡，有人眼里只有树的粗壮与强大，至于枝头的花朵，那只不过是一场依附与被依附的结果。同样一树花开，而有人看到了枝头的艳丽，树枝因为花的点缀，夺人眼球，彼此相得益彰。

许多人都有一个这样的梦想，特别是女性。在梦的尽头，或在生活无

法抵达的地方，总有一处这样的幽静处所。室外满地鲜花，室内鲜花朵朵。然后在那个慵懒的午后，撩一方丝巾于肩头，泡一壶闲茶，做一壁美梦。只奈何生活过于残酷，春梦了无痕，梦醒后，我们却不知身处何方？朦胧的意境，让人浮想联翩。滚滚红尘，何处是我们立足安身的家园？梦是何其遥远，生活又是何其现实，当现实不能与梦境合一的时候，不妨摆渡心情，寻觅一处羊肠小路，另辟一条无人行走的路径，说不定就能看见彼岸花开。

景随心造，花开的样子固然很美，但得有人懂得怜香惜玉，方能彰显花儿本色。一树花开荼靡，有人眼里只有树的粗壮与强大，至于枝头的花朵，那只不过是一场依附与被依附的结果。同样一树花开，而有人看到了枝头的艳丽，树枝因为花的点缀，夺人眼球，彼此相得益彰。环境成就人生，如果我们真的被时局困扰得无法呼吸，不妨放下所有，出一次远门，换一场视觉。等一段时间你再转身的时候，会发现那不过是一场困局，困住了事物，而你已经跳出了心境之外。

出国留学是吕碧城多年的心愿，国内时局不稳，烽火连连。碧城急于冲破这种困局，呼吸外面新鲜的空气。可是天下乌鸦一般黑，国内有的弊病，国外都有。吕碧城是何等的聪颖，不与污秽同流，只以一身洁净自居。当我们眼里全是黑暗的时候，一定要学会发现，透过表象看到生活的本质。在哥大学习的时候，吕碧城调整心态，将所有的不快藏于心底，努力让自己轻快起来。因为善于发现，碧城四处写生，在她的笔下全是对生活美好的向往。虽然生活里有太多的缺失，但她的画总是那样完美。她画了许多油画，海水、沙滩、太阳伞，这些都在她笔下栩栩如生。白发苍苍的老人、金发碧眼的少女，还有五颜六色的金鱼，看见一幅幅画面跃于纸上，吕碧城突然感觉生活原来还如此美好。

只要你能换种心态看世界，就能感悟到生活的精彩。生活没有我们想象的污浊，但也没有我们想象的那般美好。眼睛与心灵是我们衡量世界美好与否的标准。吕碧城像一只孤独中的小船，因为善于调剂，懂得取舍，在美国孤寂求学的日子，她感觉很充实。她不仅学画画，还学会了跳舞。外国人跳舞不仅仅是娱乐，亦是一种社会交往之需。吕碧城这样一个聪慧的女子，没用多久，从理论到实践已达到非常专业的水准。伦巴、探戈、华尔兹，全部都能轻易驾驭。

跳舞是一种交际手段，与名流在一起跳舞，时间长了，自己也可以变得高雅。而吕碧城的心态非常简单，在她眼里，跳舞就是一种运动。在旋转的舞池里，吕碧城认识了一位美国小伙子，他是一位身材高大的矿工。他们彼此吸引，仅仅是对方柔美的舞姿与悠扬的姿势。有天矿工对吕碧城说，我猜你的身份一定不一般，而我只是一名穷工人，如果你的朋友知道你跟我来往，他们就不会跟你来往了。吕碧城嫣然一笑说道，我不是势利之人，别人的富贵与我无干。

这就是真实的吕碧城，无论在国内还是国外，她都不被世俗压倒。活得清醒，站得挺立，像雨中的雕像，冷眼静看一切，内心总保持着那份平静。做一个清醒的女子，这是天下女人的追求，可面对浮躁的社会、烦躁的人心，有谁真的能做到淡定自如、宠辱不惊？在很多人眼里，金钱是他们衡量社会地位的砝码。而在吕碧城眼里就是一个数字，学识与才情在她看来远比金钱高尚。

留美期间，吕碧城结识了许多朋友，上至议员、贵妇人、新闻记者，下至普通工人、店员、主管等。吕碧城平等地对待每一位认识的人，在她眼里，他们就是她的朋友，没有身份之别，有的只是友谊之情。

1922 年 4 月，碧城绕道加拿大温哥华，踏上了归国的路程。留学美国，让吕碧城更加看清了社会的现实。纽约是美国最大的港口城市，看上去繁华无比，但其实也藏污纳垢。

彼岸绿柳娉婷飘扬，彼岸亭台楼榭春风拂面，彼岸花开如火如荼、鲜艳欲滴，可谁能了解它背后的辛酸？吕碧城这一番出国，更加看淡了世态炎凉，心境如同白发老人般苍桑。淡然处之，是她处世的态度。有时候，我们被一层层的焦虑包裹着，心变得麻木后，反倒尤显平静。人生在世，我们有许多的事情要做。不妨将喜悦写在额头，愁绪装满心间，在淡然中跋山涉水，把一切交给时间，做一个洒脱之人。

彼岸，是我们永远无法抵达的世界。它的传说充满了绮丽与美好，让人神驰向往。行走于世间，所有的美好都是一种期盼。脚步无法抵达的世界，精神可以抵达。人生如梦，不必过于辛苦，思考也不必过于深邃，世界就是这个样子，我们想改变一切，不如先改变自己。吕碧城便是这样一位淡然的女子，无论何时，心中固然有一千种疑问，但她能调整心态，甚至屏蔽疑问，让自己优雅前行。

3. 不得圆满

那种根深蒂固的忘却，更让人有撕心裂肺的不舍。不是所有的转身，都会优雅；不是所有的逃离，都能重新起航。转身，留下的是思恋；而逃离，只是一种匆忙的选择。

年少的时候，我们可以大胆地设想未来，哪怕错误已经初现端倪，但还有改正的资本。不要过于计较错误，因为有些错误就是为真理而生。不要抱怨别人幼稚，幼稚才是做梦的最好时节。少年老成是一种悲哀，一个人的心态比实际年龄成熟，一定有揠苗助长般的疼痛。在成长的岁月里，逆境是成熟的催化剂，过早地遭遇世态炎凉，也就让人过早地失去了童真。像一只羽翼未丰的小鸟，张开翅膀，迎接它的总是惊涛骇浪。

时局成就人生，我以为，吕碧城当属于少年老成的那一类人。过多的经历，让她的心态提前了一个时代。少年的时候，她像青年；青年的时候，她像中年；而中年的时候，她却步入老年。去美国留学，正是人生最意气风发的年龄。短暂的回避之后，再回到故土，她看到的仍旧是满目疮痍，一片狼藉。与费树蔚等一帮文友聚会时，谈到国内外时事，对英国人枪杀中国无辜民众，她义愤填膺；对军阀混战、政府无能、同胞受难，她表现痛苦。她是一位站在时代前列思考的女子，她的政治导向，总能唤起一帮有志之士的共鸣。

一个人过早地洞察人生，是一种伤害，一种对自身的伤害。失去了欢乐，却多了一些忧虑。吕碧城就是在忧虑中成熟的女子，为女权抗争，对当局不满，这种种伤害，成就了她的悲愤情怀。这次回国，吕碧城心情仍旧如往昔般沉重。看着周围的人一个个先她而去，她唯有徒生悲戚。国内不是久居之地，国外或许是另一个疗伤的出处。人的情感只有在亲情面前才能发挥到极致，而国外，那一切不过是一场风景，就算疼了，也只是眼睛，它不会直击人的心灵深处。

在国内拜访完亲朋好友之后，吕碧城决定再次出游。与其说是出游，还不如说是一场逃离。这时，跟碧城关系较好的大姐惠如在南京突然病故，这让她心力交瘁，感叹命运的无常，更有对前路的担忧。大姐的死，让碧城看到了许多年前父亲病逝时家难的影子。惠如尸骨未寒，婆家人却忙着继承遗产。惠如的许多诗稿遗失，这是碧城最为痛心的。她与大姐惠如心性相通，也只有她知道，一个人生前所作的诗稿，比死后的财产更为珍贵。国难家事，一起向碧城袭来，不堪负荷的她，除了逃离，已经别无选择。

吕惠如长短句

转身，动作就要干脆，不拖泥带水。吕碧城做事向来果断，在《美利坚建国史纲》和《信芳集》出版面世不久后，1926年9月，吕碧城再次赴美。因为时间正逢明月中秋，吕碧城遏制不住心中的思恋，站在轮船的甲板上，任思绪飘飞。都说往事如流，随风飘逝，可吕碧城的思乡之情却是那样的浓烈。每逢佳节倍思亲，难道仅因为是中秋佳节的缘故吗？吕碧城望着故土方向的那轮明月泪流满面。一切都没有忘记，昨天依旧是那样的清晰。面对浩瀚无垠的大海，吕碧城脱口而吟：

不许微云滓太空，万流澎湃拥蟾宫。
人天精契分明证，碧海青天又一逢。

两次美国之旅都在中秋，引发诗人无限感慨。在美国洛杉矶，吕碧城感受了那里的风土人情，但更多的还是对生活的感悟。参观好莱坞的时候，吕碧城见识了电影背后的秘密，这一切让她大开眼界。结束了洛杉矶之游，她又乘车前往亚利桑那州大峡谷。大峡谷于吕碧城是一次全新的体验，因为气温太低，寒冷侵蚀着她的身体，她居然没有了平日的闲情雅致。游玩大峡谷出来，竟然没有一丝作诗的灵感，反而佩服美国人的逆向思维。大峡谷荒蛮得与众不同，他们意在建构一种理念——让这块不毛之地生出黄金。吕碧城对此行的唯一收获是——中国人就缺少这种荒诞不经的奇思怪想。

用眼睛看世界，用脑袋来思考。在碧城的眼里，所有的结论都是经过眼睛的收获，流进脑海，然后再化作文字的形式呈现给世人。身处异国他乡，碧城无时无刻不在思考，无时无处不牵挂着家乡的一山一水。一个人的阅历总与见识相关，吕碧城在历经千山万水后，对生活的感悟愈发深刻。生命就是一场旅行，每一处的见识都是对生活的顿悟。有人说，人的感触越多，对生活的理解就越发透彻。但其实，透彻只可以让人看得更清楚，未必能寻找到更多的快乐。

有时候，我们总以为远离事物的本质，换一种环境，心态会轻松很多。但其实，这只是暂时的修整，那种日思夜想的牵挂，不是靠逃离就可以消除的。那种根深蒂固的忘却，更让人有撕心裂肺的不舍。不是所有的转身，都会优雅；不是所有的逃离，都能重新起航。转身，留下的是思恋；而逃离，只是一种匆忙的选择。人这一生，总在转身与面对中抉择；人这一生，总在逃离与前进中犹豫。无论哪种选择都不可能圆满，而正是因为这所有的不圆满，才能成就未来的圆满。碧城想把一切的苦痛留在国内，而身在国外的她照样忧心忡忡，看不见未来在何方，亦不知明天在何方。

4. 放飞心情

境由心造，环境的美好与恶劣是由心境的快乐与否决定的。如果我们真的不能安于现状，而又无力改变眼前的困局，那只有另找出路，释放心灵，放飞心情。

滚滚红尘中，生命里因为有你而精彩。纵然历经千辛万苦，因为一路有你，再多的艰辛也只不过是一场远足。走过四季的风雨，因为一路有你，即便是烟雨满楼、风霜扑面，世界总是那样的和美与安详。你是天边的启明星，指引着前行的方向。又像守候家园的那棵老树，任凭世事如何变迁，你却一如既往地傲然挺立。

人，在困难面前，之所以能一往无前，信念是生活里最大的支撑。信念是生活的伴侣，当你凄苦无依的时候，只有它能够支持你前行。吕碧城是信念的虔诚教徒，在长途跋涉中，她没有爱人，也没有伴侣。仅凭心中的那抹信念，走过千山万水，翻越崇山峻岭。经过了一座座教堂，穿越了一个个村庄。这次出国之旅，与其说是一场逃离，不如说是放飞心情。

在游玩纽约之后，碧城又来到了法国首都巴黎。吕碧城一路文思泉涌，每到一处风景之地，都用文字或诗词作一段记录。此时，吕碧城已不再是那个逃离国门的女子，而是一个行走在大地上的旅者。

吕碧城在巴黎处理了一些手头的事务后，再次由法国南下，车过费拉角不久，碧城便进入了瑞士国境。在蒙特勒逗留了三天，继续南行，第二天便到达了米兰。穿过几座皇城，她最后抵达了意大利中部有“花城”之称的佛罗伦萨。向来身体瘦弱的碧城，来不及让疲惫的身体得到恢复，就直接游览了佛罗伦萨小镇。佛罗伦萨因地处意大利南北交通要塞，便注定了它日后的崛起，到君主政体下的十五世纪，它创造了世界文化夺鼎的复兴时代，涌现出了大批杰出人才，如，但丁、达·芬奇、薄伽丘、米开朗基罗、伽利略、拉斐尔等为代表的诗人、作家、画家、物理学家。

在巴黎时的吕碧城

对于在哥大留学的吕碧城来说，这些名字她并不陌生，正是因为怀着一颗敬仰之心，所以来到了大师们的故乡。在吕碧城的思绪里，先驱们的创造远比金钱上的富有者更让人崇拜。在佛罗伦萨小镇，吕碧城领略了大师们的时代风骚，此番游历受益匪浅。曾几何时，大师们的造诣正是吕碧城所追求的方向。然而，造化弄人，把一个踌躇满志的女子捉弄得无所适从。除了文字上的风采，所有的抱负都不得施展。

随后，吕碧城又参观了古罗马市场、古罗马角斗场、圣彼得大教堂、君士坦丁凯旋门、万神殿、坎皮托里诺博物馆、多利亚·庞菲利画廊、阿比亚古道、地下坟场、波格斯美术馆，吕碧城被那些宏大的建筑、夺人心魄的绘画还有精美绝伦的雕像深深震撼。传说与真实、美与丑、善与恶，是吕碧城在游历中思考与关注的重要部分。从表象到肌里，从社会到人生，一个时代有一个时代的文化，探究一个时代前进的步伐，只有深入骨髓的领悟才能深有体会。

在瑞士期间的吕碧城

吕碧城在瑞士的日内瓦小城游览了莱蒙湖。莱蒙湖是阿尔卑斯山脉的最大湖泊，碧水蓝天，无垢无染，看上去宁静与清和。湖畔公园的郁金香、玉兰花开得如火如荼，让吕碧城流连忘返。天下所有女子都有爱花、赏花的天性。吕碧城亦然，她陶醉在湖泊的宁静与花的海洋之中。在告别日内瓦前往蒙特勒的火车上，天气忽变，恍然如梦，诗的灵感向她袭来，她挥笔写下了《日内瓦湖短歌四截句》：

歌舞沸湖滨，约盟联国际。
文轨万方岐，珠履三千会。
循环数七桥，七桥有长短。
桥短系情长，桥长响屧远。
盖世此喷泉，泉头天畔起。
溅玉复飞珠，莲花和泪洗。
今日到湖头，昨宵宿湖尾。
头尾尚相恋，坠欢如逝水。

吕碧城在诗词上颇有造诣，没想到她的诗歌也写得流畅如水。都说文字是相通的，只是没想到吕碧城对诗歌的领悟也如此深刻。登雪山，是吕碧城的夙愿。山上游人如织，在吕碧城孤寂的旅途中无意多了许多游伴。回去时，游人大多往返蒙特勒，而吕碧城却半山下去，坐下来喝茶。她一边脱下浸湿的鞋子在火炉边烘烤，一边写下一首旋律欢快的《寇山赏雪歌》。诗写得大气磅礴，跌宕起伏：

豆寇山，在何处？阿尔伯脉雪中路。
阴霾寒锁春未来，忽放琪花千万树。
不辨南枝与北枝，乱射珠光破银雾。
有客浑如鹤，无春亦见梅。
天机寸织悉缟素，仙山片砾皆琼瑰。
我御飞车印鸿雪，搴裳欲行雪没膝。

且作炉边煨芋谈，同怜海上飘萍迹。

清游似此能有几，玄都重到亦可喜。

知在华严第几天，侧身四顾心茫然。

光迷银海通三界，须弥浩渺吾微芥。

散乱天花着我身，霏琼滴粉将同化。

愿化姑射仙姿莹，遣世辟谷圣之清。

或化玉井之莲开太华，众芳俱属郐以下。

或化龙女入道坐跏趺，缟衣素帔庄而姝。

嗟我凡骨哪能修到此，但作冰砂玉屑培护琪花此山里。

更祝乾坤长此存虚白，傥教染色莫染赤。

在天只许见朱霞，在地惟应见红萼。

如为春色到人间，莫教染作苌弘血。

五千盛会毗耶城，尽咳飞霙落瑶席。

吁嗟乎！东瞻华夏西欧美，劫余未见天心悔。

龙蛇起陆遍中原，舻舳横空穷四海。

瑞雪由来祓不祥，排云我欲呼真宰。

也只有在诗词中，吕碧城才能发现自己是真实存在的。这次旅行，吕碧城的诗词灵感无处不在，一首连一首的诗歌让她陶醉其中。境由心造，环境的美好与恶劣是由心境的快乐与否决定的。如果我们真的不能安于现状，而又无力改变眼前的困局，那只有另找出路，释放心灵，放飞心情。你不用改变什么，只需对未来的生活作一些调整。回避厌恶的感觉，努力寻找明朗。无论我们遇见多么污浊不堪的环境，多么令人恶心反感的事情，只要心属于自己，何惧外界的污染？

5. 病魔袭来

人活在世上，可以与天斗，与地斗，唯独与疾病斗争的时候，显得那样单薄无力。疾病是摧残人意志的最强大的毒手，它侵蚀着人类的身体，然后再侵蚀灵魂，当被病痛折磨得身形枯瘦之时，就算心中有微弱的抗争，那一点力气已不足以支撑信念走到最后。

你我皆为平凡之人，拥有一颗平凡之心。红尘陌上，过着平常的日子，岁月悠悠，你我淡淡相守。浮躁年代，有多少风花雪月的往事，经不起流年的侵袭，而各奔东西。又有多少平淡相守的情侣，能善始善终。爱情之所以奢侈，是因为受到了时间的限制；情感之所以珍贵，是因为相遇本就困难；生命之所以短暂，是因为总有疾病来袭。人这一生最大的痛苦莫过于病魔缠身，人这一生最大的财富莫过于拥有健康。权力与金钱都是身外之物，生不带来死不带去。而拥有一个健康的体魄，却可以行走天下，追梦天涯。就算有些经历是错误的，你也可以从中吸取经验与教训，用你的行为与言行来改正。

吕碧城这几年被疾病缠绕，心痛得无以复加，也只能独守坚强。在行走的途中，一路跋山涉水，努力忘却一些过往，努力让自己轻松。因为被那些名胜古迹吸引，她感叹过，赞美过，也轻松过。然而，不是每一处风景都能让人如痴如醉。吕碧城抵达伦敦，因为无法适应伦敦雾雨蒙蒙的天气，她不幸染上了风寒。众所周知，伦敦是雾都，每天大雾弥漫，细雨蒙蒙。在伦敦的那几天，碧城强忍双目疼痛、咽喉肿痛的侵袭，坚持游览了国家图书馆、英国博物馆、水晶宫、英王更衣室、皇家画院、太子室、贵族院、众议院、法院、画廊与教堂等地方。利用闲暇的时光，她还做客中国驻英公使馆，与公使夫人亦成为好朋友。

在伦敦时的吕碧城

人活在世上，可以与天斗，与地斗，唯独与疾病斗争的时候，显得那样单薄无力。疾病是摧残人意志的最强大的毒手，它侵蚀着人类的身体，然后再侵蚀灵魂，当被病痛折磨得身形枯瘦之时，就算心中有微弱的抗争，那一点力气已不足以支撑信念走到最后。吕碧城是清醒的，一直以来，她被疾病折磨着，也困惑着。能支撑她走到现在，是因为心中的信念仍在。在成长的岁月里，她参透了许多东西，与许多力量抗衡过。与生命抗争，也是她人生旅程的一部分。

吕碧城是那样的坚强与淡定，哪怕病人膏肓，她也能保持本身的优雅与美丽。人的生命只有一次，如果真的就这样香消玉殒，以吕碧城的性格，一定会有许多的不甘。她努力过，奋斗过，拥有过，她希望能将有限的生命发挥到极致，而不是这样行色匆匆，来不及创想明天，来不及与周围的亲人作最后的道别，就这样离开。她认为那是一种残忍，一种对情感的蔑视，而只有活着才是对亲情最好的回报。

1928 年开岁以后，吕碧城依约前往柏林医治住院，对困扰多年的胃疾实施手术。在那个白色世界里，在那张冰冷的病床上，她无法抗拒心灵深处的无奈与恐惧，她无法忘却大洋彼岸亲情的期盼。对生的渴望，会让人变得无比坚强。活着固然不是那般美好，但比起那些幼小无助的生命，人还是有一丝感叹。小草在风中摇曳，冬天来临，它将化作淤泥；蜜蜂忘我的工作，是因为珍惜生命的短暂。大自然里，无论植物还是动物，对生命的领悟都尤其透彻。活着不只是为自己，而是为了一些需要。

因为有顽强的毅力作支撑，吕碧城独守在异乡的病床上睁开了双目。手术后，她看见了德国大夫揭去口罩后慈祥的笑容。没有死，还活着。吕碧城的眼角流下了一丝泪珠，这是对生的渴望，也是对医生的感激。上苍是公平的，它眷顾那些热爱生命之人，所以给了吕碧城最好的回报。因为热爱，所以留恋，这是对生命的诠释，也是对爱的诠释。上苍也惜才，知道碧城还有许多未了的心愿，所以给了她存活的生机。

一场手术完毕，吕碧城消瘦得失去了人形。她听从朋友的劝告，在柏林休养一段时间后，又转道去了瑞士。四月的瑞士，正是水光潋滟、草长莺飞的季节。休息之余，她乘车领略了瑞士风光。在游览香壁的时候，看着满地野花，金黄灿灿，一股思乡之情悠然而起。曾几何时，故国的风光也是如此明媚，让人心花怒放。一场北伐之战，马蹄飞扬，生灵涂炭，血流成河，让多少无辜的生命陨落。虽然吕碧城身处他乡，但一直与国内的友人保持

书信来往。每每在信中看到国内兵戈不断的消息，她总有一种海外游子的惆怅。《高阳台》便是吕碧城在彷徨困扰时的感怀之作：

啼鸟惊魂，飞花溅泪，山河愁锁春深。倦旅天涯，依然憔悴行吟。几番海燕传书到，道烽烟，故国冥冥。忍消他、绿酹金卮，红萼瑶簪。

牙旗玉帐风光好，奈万家春闺，凄入荒砧。血涴平芜，可堪废垒重寻。生怜野火延烧处，遍江南，草尽红心。更休谈、虫化沙场，鹤返辽阴。

一首《高阳台》写出了吕碧城的悲愤与愁绪，有家难归，故国不堪回首月明中。人这一生有许多的无奈，吕碧城虽然远在异国他乡，但一颗游子之心却无处不在。人这一生有许多的悲叹，在灾难中成长，在灾难中相识，然后在灾难中逃离。雕栏玉砌皆成往事，随风飘逝的不仅是饱经沧桑的容颜，还有曾经执著的昨天。一切看上去都已成过往，但一切又仿佛都在今天。 前路坎坷，每一天都是昨天的复制，谁能假装从容，走过昨天，穿越今天，到达明天。

6. 悲悯之心

每一个女子都含有悲悯之心，对亲人的离世感怀不已，对弱小动物的天生保护，对病老幼残的天生同情。悲悯是对人性最大的爱护，生活中，我们有太多的不舍，而爱是我们最深沉的表达。

花开花落，这本是自然规律，可总有人会伤感半天。林黛玉的《葬花吟》写得如泣如诉，让许多纤弱女子感同身受。悲春伤秋，这几乎是天下女子的共性。一树花开，能让她们感叹半天。一树花落，落魄伤怀。每一个女子的内心深处都渴望长久，爱情也是，友情也是，亲情更是。繁华落幕，曲终人散，总有一些情不得长久，总有一些人会先他而去。天下没有不散的筵席，筹光交错，流光亦消，所有的情感都不过是时光隧道里那一抹亮光。

每一个女子都含有悲悯之心，对亲人的离世感怀不已，对弱小动物的天生保护，对病老幼残的天生同情。悲悯是对人性最大的爱护，生活中，我们有太多的不舍，而爱是我们最深沉的表达。翻阅吕碧城资料的时候，我脑子里一直有两个影子在交替，她是那样的坚强，又是那样的柔弱；她是那样的高傲，又是那样的卑微。手散万金而不措意，笔扫千人而不自矜。都说才华出众的女子过于清高，不与世俗为伍，但其实吕碧城一直是站在地面说话。她喜爱人间烟火，渴望与世俗为伍。只可惜，时代潮流总把她推到风口浪尖上，让她俯瞰众生，显得高高在上。

生活中，有许多的选择让我们身不由己。抱负不得施展，信仰不得实施，这足以让一个傲然如菊的女子沮丧沉沦。残酷的现实面前，让人不得不转换方向。吕碧城办学之后经商，经商之后隐退，然后大部分时间都行走在诗词歌赋间。她在诗词上的成就，远远超越了她的社会成就。就是这样一位女子，一退再退，最终在缜密的思考下对佛教有所领悟。在瑞士修养的那些日子里，碧城每天上山采花，结识朋友。席帕尔德女士是资本主义者，与碧城关系较好。一次，见一只蚂蚁爬上桌面，席女士将其挫毙，吕碧城劝其不可杀生。席女士问她是否是佛教徒？吕碧城说出了这样一番话——对于佛教所谙甚浅，只是戒杀宗旨与我的本性契合，并不妨对佛教的皈依。

吕碧城的一番话给席女士留下了深刻的印象，并且充分认同她的观点。

离开瑞士，6月，吕碧城来到日内瓦小城。一天夜里，笙歌如沸，将她从梦中惊醒。原来她周围有邻居在办舞会。吕碧城对跳舞并不陌生，还在哥大的时候，她在舞池中就已经能独领风骚。因为鼓点音乐的撞击，碧城睡眠全无，披衣起床，写了一首《满庭芳》：

倦枕攲愁，重衾滞梦，小楼深锁春寒。笙歌隔院，咫尺送喧阗。相见华筵初散，怎禁得、酒冷香残。空剩了，深宵暗雨，淅沥洗余欢。

愁看，佳丽地，帷灯匣剑，玉敦珠盘。怕人事年光，一样阑珊。漫说霓裳调好，秋坟唱、禅味同参。疏帘外，银澜弄晓，江上数峰闲。

在疗养的那些日子，一首接一首的诗词在吕碧城笔下缓缓流淌，细数下来有十多篇。这些诗词写得悱恻缠绵，凄婉哀恸。游玩了瑞士，吕碧城又来到了伦敦。这年冬天，她从伦敦《泰晤士报》上看到有“皇家禁止虐待牲畜会”之函，遂与国内朋友驰函讨论，拟创办——中国保护动物会。会址设在中国。与此同时，吕碧城参加一位美国朋友的宴会，宣布从此成为一个素食主义者。中国的保护动物会，收到了国际保护动物会的关注。1929年5月，国际保护动物会在奥地利首府维也纳召开，吕碧城受到了邀请，并发表演讲。

中国保护动物会虽然成立，但吕碧城知道这是一个漫长的过程。英国“禁止虐待动物会”成立百年，也只取得些微的成绩。吕碧城打算用一生的时间来实现她的理想，她所做的第一步是素食。我想吕碧城已经感觉到自己身单力薄，要想把“保护动物会”发扬壮大，仅凭她一个人的力量是不够的，她需要更多的志同道合者。

如果不是那个屈才的年代，以吕碧城的才华与志向，她应该会大有作为。可惜，她的志向被时代掩埋，最终半途而废。这次出国旅游，吕碧城途径了几个国家，她所游历的国家有美国、法国、德国、瑞士、意大利等。每到一个国家，她能迅速地与当地的文化、风土人情融合在一起。她以自己的才华与容颜为中国妇女做出榜样，虽然中国的土地受尽了西方列强炮火的轰炸，但中国妇女的形象绝不能被诋毁。她是强大傲然的，中国妇女也是坚强不屈的。

作为中国的一代名媛，吕碧城随时都会注意自己的言行与仪表。无论与何种身份的人打交道，她总能赢来赞誉与惊叹。在国外游历的日子固然有思乡之痛，像浮萍一样四处漂流，但那些无处不在的风景给了她些许安慰，让她有了短暂的慰藉。吕碧城这次出国最大的收获是，不仅调整好了心情，养好了疾病，还写了诸多的诗词歌赋。最重要的是，在她迷茫无助的时候，她重新找到了信仰，成立了保护动物会，并且终身食素。

做一个素食主义者是需要勇气的，如果没有信念作支撑，估计没几个人可以忍受美食带来的诱惑。吕碧城却轻易做到了，而且还做得轰轰烈烈。有人说，如果没有保护动物会，吕碧城能把素食主义善始善终么？我想吕碧城一定能。因为她就是一个敢说敢做的人，她除了对民国腐朽的政治斗争没信心，对于其他，她向来是从容的。她的女权斗争虽然无疾而终，但终究还是取得了成就，地方女学办得如火如荼，她是先驱使者。政治抱负不得施展，是因为军阀混战，野心勃勃，根本听不清旁观者的谏言。

沧海桑田，世事变迁。吕碧城由一个意气风发的女子，最后退守家园，终身信佛，这是怎样一种蜕变。吕碧城就如同断翅的蝴蝶，疗伤后，重新起航。

虽然之前的航行已经改变，但她心中那份信念依然执著。对于病入膏肓的民国她已经无能为力，唯有用自己的言行与思想来唤醒世人。她的每一次转身都有撕心裂肺的阵痛，那转身后的背影却直刺时代的心房。

第九章

聆听谛闲

——落落人生终究皈依三宝

对于佛学的领悟需要缘分，年近五旬，吕碧城虽然没有大彻大悟。但在看破这险象环生的世界之后，她终于找到了栖息的堤岸。戒杀生，不食荤食。吕碧城用慈悲之心，悲悯众生，赢得了世人的赞许。

1. 欠债当还

情债是最难还清的，明知道不可欠，但总有人忍不住要去尝试。明知道是一段不可为之的感情，却眼睁睁看着自己深陷其中，而不能自拔。难道这所有的一切，就是那所谓躲不过的孽缘？

每一个女子，都是一首诗。或优雅高贵，或小家碧玉，或婉约灵动，或小鸟依人。一首好诗，让人百读不厌，手不释卷。一个好女人，思想永不落伍，青春常在。静若处子，动若脱兔，一举一动都蕴含着思想与内涵。做一个安静凡尘里的淑女，更是一种修为，她影响着同伴，也影响着身边的人。她有着如诗般生动的内涵，也有如诗般雅致的外在。有人说，教育好一个男人，就是教育一个时代；而教育好一个女人，就是教育了三代人。

吕碧城这一生如月如水，光洁灵气。她像月光一样美丽动人，又如同碧波一样滟潋美好。她的一生如诗如醉，无论年轻还是年老，她都能保持自己特有的姿态前行，不向世俗妥协，已经懂得了生死乃自然规律，人生在世，总有一些生命在猝不及防中降临，也总有一些生命在猝不及防中离开。吕碧城在天津北洋女子公学时期的学生潘连碧突然离世，又给她带来了许多伤感。

曾经，潘连碧是她最得意的学生，被封为六名媛之一。二人亦师亦友，有许多观念遥相呼应。人生在世，难免会有一死，只是潘连碧离开的脚步太匆忙，让身边的人都来不及凭吊。往事一幕幕袭来，皆历历在目，吕碧城又沉浸在伤感之中。她知道自己到底修为不够，还得继续修炼，才能更加透彻地看待生死。所有的修为都是生活的提炼，只有拥有更多，才能看得更清楚。

闲暇之余，吕碧城开始看经书，她用一年的时间读懂《无量寿经》。在读这本经书的过程中，她的思想有了很大的变化。她北上天津，去登门拜访徐蔚如。徐蔚如幼年随母读书，曾任京师地方审判所推事，补度支部郎中。民初为浙江省第一届省议员，时交通总长叶恭绰等组织讲经会，公推他南下宁波请谛闲法师。谛闲南返后，徐蔚如、江味农、蒋维乔等创办了“北京刻经处”。尔后不久，又创办了“天津刻经处”。

《无量寿经》

天津是吕碧城的第二故乡，女子公学就是在这里启蒙。而此时的天津早已物是人非，游行、罢工、杀戮、死亡经常发生。看着故乡的一切，吕碧城又生悲戚之心。在北京时，吕碧城与谛闲大师有过短暂的交集，心里一片茫然的时候，她向谛闲诉诸了幼年失怙、家遭罹难、母亲被携、门衰祚薄、又遭退婚等坎坷经历。谛闲大师说——欠债当还，还了便没事；但既然知道还债的辛苦，切记不可再借。谛闲大师所说的债，是指尘世间的一切孽缘。许多时候，我们被世俗羁绊了手脚，想挣脱束缚，却如同被套上了枷锁般不得施展。人世间的孽缘就如同这债务，错得多，就欠得多。今世没有还清，还有来世。

很多时候，明明是不想遇见之人，却偏偏要展开一段尘缘，而且还没完没了。情债是最难还清的，明知道不可欠，但总有人忍不住要去尝试。明知道是一段不可为之的感情，却眼睁睁看着自己深陷其中，而不能自拔。难道这所有的一切，就是那所谓躲不过的孽缘？我深信，情债欠多了，总有偿还的一天。向你索债之人，也许不是你的欠债之人，而是另外一个人。感情就是一个错综复杂的事情，陪伴在你身边之人，也许你不够爱他，但你一定要相信，在某一个角落里，有一个人或者几个人正深爱着他。不能相爱，是因为他们还没有相遇。情债就是一场轮回，你并不欠他的债，而他偏偏向你讨债。冥冥之中，他是在为另一个“他”索债。欠你情债之人，也许你无法让他偿还。但你一定要相信，在某一天，有一个人会帮你索债，虽然你们并不认识，但偏就有这么一个人存在。

佛说人生八苦，除了生老病死之外，还有就是怨憎会苦，爱别人会苦，五蕴盛苦，求不得苦。所谓怨憎会苦，说的是不愿意聚集的却偏偏要聚在一起。吕碧城与袁克文就仿佛怨憎样，明明是——道不同不相谋，而老天爷偏偏要让他们相遇，还有一段剪不清理还乱的陈年旧事。爱别人会苦，总想着让对方高兴，献媚讨好有时就是辛苦的表现。特别是那种一厢情愿的爱恋，明知道对方并不爱自己，可自己总忍不住去想他、爱他。多少的不眠之夜，自己依于床头，幻想着他的模样。那种苦痛的折磨就算失恋了，还会真实地存在。

吕碧城爱过一些男人，也被一些男人爱过。爱情于她就如午夜微凉的月光，洁净悠远。她这一生一定为某一个男人失眠过，也为某一个男子感伤过。是英敛之，还是严复，是袁克文，还是费树蔚，又或许是陈撄宁？我们不得而知，往事已经作古，我们犯不着再去翻寻这样一位优秀女子的陈年旧事。只知道，她被很多男人爱过，也爱过很多人。她没有在爱情里沉醉，或许是不想相欠，又或许正如谛闲大师所言，一个人所欠下的债务，总有一天要相还，今世没有还清，还有来世。

五蕴之中，欲望驱使着人心，三千弱水，有多少人只取一瓢？人生自古多磨难，有许多的磨难都是欲望所造成。求不得是一场悲痛，明知道不可为，可偏偏有人要痴心妄想，自生烦恼。欲望最大的敌人不是别人，而是自己，许多的陈年旧怨就是因为欲壑难平。万丈红尘，就是万丈深渊，在欲望面前，谁都有难以把持的时候。想做到更好，就必须提升自己的修为。

2. 浮萍于梦

有多少的爱恨情仇，如同浮萍样惆怅。没有根须，只有相遇时的那一抹温情。而最深的痛是——短暂的相遇，代价却是用一生来遗忘。有人说，爱情如流水，延绵不绝。而我以为，爱情是永恒，无论爱的深浅，只要爱过，就注定百年。

有人说，世间所有的相遇都是久别的重逢。如果，重逢是一首歌，我愿在你身旁低吟浅唱；如果，重逢是为了续前世的尘缘，我愿做你眉间的那颗朱砂，不离不弃。只可惜，红尘劫难，再次相逢更像一杯苦酒，咽下，独留情殇；倒掉，痛彻心扉。优柔寡断是女性的通病，吕碧城也不例外，她总在寻找，又总在期待与彷徨中迷离。幻想是女人的天性使然，谁都知道无梦的人生会很无趣。

月光如水，夜凉如冰。当心无所依托时，只有在梦中寻一丝温暖。而梦中的虚幻，终像浮萍游动，无论多么真实，它终归会随时间流逝。都说浮萍无根，一世飘零。有多少的爱恨情仇，如同浮萍样惆怅。没有根须，只有相遇时的那一抹温情。而最深的痛是——短暂的相遇，代价却是用一生来遗忘。有人说，爱情如流水，延绵不绝。而我以为，爱情是永恒，无论爱的深浅，只要爱过，就注定百年。

浮萍随波荡漾，总想寻一处安稳之地，让自己落地生根。人又何尝不是这样，凄苦一世，谁不想找一处避风挡雨之所，安放心灵。吕碧城这一生的困惑，总在寻找安放灵魂的处所。她的诗词名震海外，享誉中华；为女权抗争的精神，也让国人为之仰望。然后，国之破碎，让她情无所依，根系浮萍样飘零，思想如流光样独放异彩。吕碧城这一生都在为理想而奔走，家难国事，让她一世的追求成空。面对灯孤影只，吕碧城像寒夜里的那一缕晨光，苦苦追寻着明天。如果一个人的言行与思想仍旧让人执迷不悟，那么唯有拯救灵魂，来修度来生。

1930年春天，吕碧城在一番感悟之后，皈依佛门，开始了释家探微的人生之旅。在吕碧城的公寓里，墙上悬挂着一幅硕大的观音像。吕碧城在像前俯身膜拜，表达自己的虔诚之心。每天早晚，吕碧城缟衣素颜，净手焚香。她还停止了诗歌的创作，开始了译经之行。一曲《大悲咒》震撼无比，仿佛来自天外，净化心灵，让人心情淡定，超然于世俗之外。在查阅一些资料的时候，吕碧城注意到，对佛学的研究，不仅国内的历史典籍浩如烟海，

而且欧美的研究也造诣颇深。她与沪上知名居士王季同、吴至觉、李园净等人在海内外收集资料，然后结集出版，并定名为《欧美之光》。

人生在世，要善于制造机遇，寻找真理。吕碧城这一生都在为理想而奔走，面对失望中的绝望，她从来没有停止过追逐的脚步。她在困惑中彷徨，又在彷徨中超然。人这一生总在突破，像一道难解的题目，计算过千万次，而答案总不能保持一致。所有的问题都有解答，却找不到答案，有时候是修养不够，有时候是修炼太浅。在迷茫面前，人人平等，有人明明天资聪慧，但面对问题仍旧举足无措。有时候，恰是那种天生浅薄自我满足之人，可以轻易找到答案。

吕碧城这一生为勤奋所累，在追求极致中彷徨。为了《欧美之光》早日面世，她除了撰稿之外，还收集了许多资料。有欧美佛教动态方面的文章，有提倡素食主义的文章，还有保护动物方面的文章。林林总总，非常的厚重。1930 年由吕碧城主编，翌年由上海佛学书局出版发行。《欧美之光》的诞生，拓宽了对于佛教传播的视野，也唤醒了世界之重。像一枚石子抛掷于水中，水花四溅，引起了国人的重视。

人生总有一些无法实现的梦想，当某一领域的志向不得施展，就要寻找一种新的志向前行。吕碧城是有政治抱负之人，因为内心的失望，所以她把毕生的理想都贡献给了文字。她的诗词，读起来既有荡气回肠的况味，又有大家风范的深厚。每一篇诗词的诞生，总能让人眼前一亮，给人留下无限遐想。但文字终归是文字，把文字运用到生活中，这是一个漫长的过程。吕碧城像一个不知疲倦的旅者，虽然经历千难万险，虽然也曾看破红尘，但她最终找到了理想的彼岸。

1930 年春天起，吕碧城开始了她的读经、译经、坐禅生活。虽然她对文字的领悟力极强，但经文中还是有许多的字句，让她不得其解。本着负责的态度，对经文中不懂的问题，她会暂时放下，向同道中人提问，而不会单凭一己之思，虚幻臆想猜疑。在译经的日子里，她与王季同通信颇多。王季同于1928年任中央研究院工学研究所研究员，对于佛学的领悟颇深。对于吕碧城的提问，他总能给出合理性的指导与解释。在译经道路上，吕碧城看上去是踽踽独行，但其实，她身后有一大批的志同道合者在遥相呼应。

王季同

年近五旬，吕碧城找到了人生的理想，也许这只是她退而求其次的追求，但谁能否定这不是一段奇缘。对于佛学的领悟需要缘分，吕碧城虽然还没有完全大彻大悟。但在看破这险象环生的世界之后，终于找到了栖息的堤岸。像浮萍找到了羁绊，有了根须。人，无论是贫穷还是富有，都想让自己伫立于地面。像一片凋零的孤叶，在尘世里翻滚浮沉，被风吹得无影无踪。但无论如何，终有一天，它会回到地面，化作淤泥，与鲜花同在。

3. 梵天之路

人生在世，我们有许多的选择，唯独不能选择逃离。碧城迷茫过，也曾经逃离过。她进入佛门不是遁入空门，而是为了让余生过得更为精彩，为热爱的文字事业作出更大的贡献。

一直以来，总以为能走进佛门之人，必定经历过凄风苦雨的摧残，然后看破红尘，参透人生，云水禅心，愿与青灯为伴。但其实，佛度有缘人，它既不是畏惧红尘之人的藏身之所，也不是人们退缩后的选择。能吃斋念佛之人，一定有他的热爱与信仰。红男绿女们自有他们的追求，喜欢人间烟火的沧桑，哪怕一无居所，佛家亦不能成为他们最好的解脱。佛在心中，我便成佛。所有的造化，都是修炼的升华。尘世间的所有相遇，怎一个“缘”字了得。

吕碧城走进佛学，并非偶然。很早的时候，她就已经戒杀生，不食荤食。其实，在当时以碧城虚弱的身体状况来看，适当的进补是有益于身心的。而她宁可冒着生命衰竭的危险，也要祈求自然界中生态的长久。一只细小的蚂蚁，在餐桌上自由游荡，被人捺死之后，她会徒生悲鸣之心。蚂蚁很小，但也是一条生命。每个人对事物都有各自的看法，对于他人生命的尊重，也正是对自身的尊重。吕碧城用慈悲之心，悲悯众生，赢来了世人的赞誉。

一部《法华经》的翻译，让吕碧城心门顿开。她每天净手焚香，早晚念佛，心静安宁，开始了她的译经之旅。《佛说阿弥陀经》的翻译，让吕碧城再次看到了自身的能量。即心既佛，依文发心，手中的那只笔便与她心性相合。她译学并驾，流畅自如。那一年，她的译经之旅顺利，词兴又翩然而至。译经之余，她还写了不少的诗词。《夜飞鹊》《婆罗门引》《隔浦莲近》《法驾引》《喜迁莺》《扫花游》《鹊踏枝》（三首）《八犯玉交枝》等数十首诗词，因为心门解脱，她在诗词上灵感不断。

有人说，青衣素食固然很好，但少了做人的乐趣。而我以为，所有的快乐当是发自内心，鞋子合不合适，只有脚知道。以吕碧城当时的资产，她的钱财足够让她挥霍余生。她的地位，她的才学，已经让世人仰止。她对佛经的顿悟，全凭热爱。她孜孜不倦地努力，就是想为世人留下一笔精神财富。人这一生，拥有多少财富并不重要，重要的是，你离开的时候留下什么。而把文字留给世人，是文人墨客最大的骄傲。

人生在世，我们有许多的选择，唯独不能选择逃离。碧城迷茫过，也曾经逃离过。她进入佛门不是遁入空门，而是为了让余生过得更为精彩，为热爱的文字事业作出更大的贡献。有时候，被世俗包围得太紧，人的灵魂需要释放，需要排解。与青灯为伴，谁能断定那不是人生的乐趣？年近五旬，吕碧城终于找到了属于她的天空。《法驾引》便是她英译《阿弥陀经》的感赋之作：

素华谁探？绀绡暗解莲房绽。耿吟眸，望来去金身，共腾肩焰。撩乱，更曼蕊陀罗，斜吹茜雨法筵满。试回首，微茫下界。笑槐安，蚁游倦。

晼晚。山丘一例，莫论人间恩怨。计桂魄终销，橙晖永逝，万般皆变。凝眄。捲螺云无尽长空，惟有佛光绚。到此际、烦忧齐解，旧情修恋。

由这首词可以看出词人的感慨，词佛互参，达到了一种万般和谐的境界。

我想，只有这时候，吕碧城才真正感觉到了宁静。放弃了前尘往事，不做过多的沉溺。国难家事，一切都付诸东流。一切的恩怨情仇，不过是过眼云烟。佛门，讲求的是放下。这时候的吕碧城应该是放下所有，像天外之仙，跳出三界，俯瞰众生。人，之所以痛苦，不是因为苦难没有结束，而是因为有太多的放不下。

然后，时值1932年夏天，吕碧城的胃疾再次复发。不得已，她只有放下手头的事务再次赶到柏林就医。在柏林的日子，因为放下了许多，她似乎清闲起来。无所事事的时候，她作词抒怀，先后又写了许多的诗词。因为有诗词的陪伴，碧城的病在一点点恢复。原来文字真的可以治病，真的可以疗伤。当我们阅尽了山水，读懂了人生，对一切都感觉了无生机的时候，文字应该是人生最大的乐趣。它如一缕涓涓流水，让我们自由畅想，自由发挥。没有源头，就算是断章取义，也可以让平淡的生活显得色彩斑斓。

磨难，让岁月沉淀，不要轻易去计较得失，也不再去忧虑明天的太阳是否照常升起。大自然繁衍生息，滋生了美丽，也会滋生丑陋。人如果放下所有，功名利禄只不过是尘埃一梦。生亦何欢，死亦何哀。死亡也许就是一场不会再醒的梦，抑或是另一场生命旅程的开始。吕碧城再次客住他乡，朱颜已逝，往昔对她而言，只是南柯一梦，纵有万般的苦痛，都凝集在过往的烟云中随风吹散。但，思乡是一种痛，平淡岁月里有了涟漪，让她惆怅若失。伪满洲成立，远在异国他乡的碧城，心再次撕裂，一首《千秋岁》，写下了她的感叹：

坠粉欺潮，飘灯妒月，不信欢场有时歇。霓裳舞才一二转，金瓯地已三千缺。且勾留，莫回顾，晋阳猎。

昨夜尚怜钗细约，今日怕闻靡芜诀。咫尺侯门玉容别，东邻艳传窥宋赋，南华巧褪迷庄蝶。断肠时，赏心事，连环结。

吕碧城始终是那样清醒，进入佛门，让她看开了生死，而政府无能，百姓怨声四起，仍旧让她耿耿于怀。1932年，《晓珠集》再版，算是她创作路上又一阶段性成果。尽管国内战火不断，前路渺茫，而对亲人朋友的思念，让她一刻都不愿意久居异国他乡。新年将近的时候，她一路风尘，回到了阔别很久的故乡上海。归来，是为了更好地创作。回到上海，她闭门谢客，又开始了新一轮的佛经译作。

4. 安静凡尘

她们习惯坐在某一个角落聆听，却不愿意在繁华处滔滔不绝。她们喜欢清静，像安静凡尘里的一粒尘埃，无论你在意与否，她们总坚持着自己的模样，不会为谁而改变。

年少的时候，总害怕一个人独自相处。害怕黑夜的来临，害怕独对青灯孤月。喜欢喧嚣，喜欢热闹嘈杂之所。年龄稍长的时候，喜欢一个人静静地待着，酝酿一些心事，终不得其解，但又不想被人打扰，以为这样，就是所谓的深沉。再年长的时候，发现自己能真正的安静，而不是装作安静，能独享生活的静谧，体味时光带来的宁静。步入中年，发现难得清静，那种上有老下有小的人生，除了梦中，可以独享安静，几乎很多时候，都要被各种声音缠绕。年老的时候，世界彻底安静了。父母逝去，儿女成家，在那种安静得近乎窒息的空气里，除了自己与自己对白，再也找不到别的声音。

追求清静是性情成熟的标志，有许多的问题都是在清静的思考中完善的。很欣赏那种人群中的孤独者，无论人心多么浮躁，他们都能让自己冷静。吕碧城是一个善于制造安静之人，无论岁月如何变迁，中国大地上的炮弹如何猛烈，她总能寻一方净土，来安放思想。一个善于让自己安静之人，一定不会迷失方向。她的每一项选择，都是深思熟虑的结果。

梵天之路，仍旧是吕碧城继续前进的方向。为了让自己的译经之旅更为全面，她阅览了大量的书籍，还拜访过许多名士高僧。上海这座繁华的城市，早已经让碧城心灰意冷。而她静安寺的豪宅，也非她恰如其意的栖息之所。屋中大梁已经白蚁为患，而她不愿意杀生，认为白蚁也是生命，任由白蚁肆意横行。徐蔚如知道后，为她详加剖析，试图说服以求合于佛学。吕碧城坚持己见，杀生是别人的事情，她是坚决不肯的。见她去意已决，在朋友的帮助下，她很快在香港山光道购置了一处寓所。然而，香港早已经变成了英国人的天下，除了晨钟暮鼓，看到的更多是辛酸。满街黄头发蓝眼睛的洋人，让碧城心里隐隐作痛。

写到这里，不得不惊叹一下，吕碧城宁可舍弃财产，也要保全一些弱小生命的做法，可见她对于追求的执著。在自然界中，人们习惯于把生命分为三六九等，上等生命高贵，下等生命低贱，弱肉强食。而在吕碧城眼里，生命皆是平等的。她不愿意轻易伤害任何一条生命，其实是想保持自然界的生态和谐。每一条生命都值得尊重，无关好与坏。大自然需要保持它的神秘，任何生命都有两面性。在你眼里，它可能就是害虫，而在另一种生命面前，它一定有存在的合理性。如果把白蚁啃噬木材，当成是它的本能或工作，一切就另当别论。人类对大自然的损坏，应该比白蚁更为严重。

因为一心向佛，吕碧城这次购买新居特意选择一条幽静的小巷。她每天素衣素食出外采购，静静地去，静静地回。在山光道居住了很长时间，居然没有人认出她就是经纶满腹的才女吕碧城。我想，那时吕碧城是安静的，她不需要被人认识，也无需认识他人。她在佛经中修炼，过着超然于世的日子，清心寡欲。人这一生都在红尘奔走，有多少时光是真正属于自己的？曾经也向往像吕碧城一样，找一处无人认识的小屋，写自己热爱的文字，闲时种种花，养养草，过着与世无争的日子。可要真的付诸行动，是何其的艰难。知道自己功底不够，不是所有人都能达到碧城的那种修为。

大隐隐于市，吕碧城在山光道买房子，就是想过一种隐居退守的生活，不被世人打扰，也不去看外面让人忧心忡忡的世界。她偶尔会去东莲觉苑图书馆借有关书籍，也是悄悄去，悄悄回。然而，在寺庙参拜的时候，因为她一身素衣打扮，引起了林楞真监苑的注意。1929 年，林楞真随张莲觉访遍国内名刹大山，第二年，张莲觉在香港波斯富街设宝觉第一义学，然后又在澳门龙嵩街设置第二义学。1935 年，东莲觉苑落成，遂聘请林楞真为监苑。林楞真对吕碧城慕名已久，两人一见倾心，虽然年龄相差近二十岁，但因为她们信仰相同，所以很快成为忘年之交。

张莲觉（前排左一）

由春天到秋天，吕碧城都忙着翻译佛家经典。然而，当一些不好的消息再次袭来，一下又打断了她的思路。先是美国《蔬食月刊》主编奥尔伯特夫人病逝，再然后是卢云青的去世，当听到费树蔚已去世的消息时，碧城有种肝胆俱伤的心碎。费树蔚是她最好的朋友，无论她处在何种状态，他都能给予碧城无私的关怀与友爱。曾经他们是那样的心心相印，吕碧城第一次出国留学，费树蔚写给她的诗词如痴如醉，现在想起来，都百回千转。有人说，在所有爱过吕碧城的男人中，费树蔚是用情最深的一位，也是用情最专的一位。他痴心守候，希望能在尘世里开出花朵。可惜，那时的吕碧城已经没了婚嫁之心。费树蔚的真心守候到头来终成一场空，但他不后悔，因为他深信，他与吕碧城在心里一定深爱过。

面对亲朋好友一个个的离世，吕碧城再度陷入伤感。有些痛苦我们不能忘却，但可以回避。很早以前，吕碧城就有再次西行的决心。1937 年 11 月，她终于定下西行的日期。林楞真前来送行，那时的吕碧城已经两鬓斑白，看上去形影单薄。看着吕碧城渐行渐远的身影，林楞真的眼泪忍不住夺眶而出。这一年，吕碧城五十多岁，身体越来越苍老，再度出国，不仅林楞真为她担心，她自己也有所伤怀感悟。

如果此生有所依恋，人至晚年，谁愿意远行？每一个女人都是柔弱的，每一个女人都是一抹至美至纯的风景。岁月像一方砂石，打磨了女人的锐性，减少了女人的光华，同时也把她变得坚强。我们总祈求青春不老，而许多时候，因为生活的磨砺，容颜消逝，唯有那一颗饱经沧桑的心，曾经依然。眼看着身边的人一个个离去，泪眼无声，而心却在滴血。这就是成熟的女人，她已经没有鲜艳的资本，心却无时无刻不在付出。她们习惯坐在某一个角落聆听，却不愿意在繁华处滔滔不绝。她们喜欢清静，像安静凡尘里的一粒尘埃，无论你在意与否，她们总坚持着自己的模样，不会为谁而改变。

5. 人生四季

生命是坚韧的，它总能创造奇迹。只要给它一点绿意，在冬天里打一个滚后，它就会拥有春天。这是一种幸运，也是一种感恩。感谢那个未知的生命把你降临人间，感恩那个带你走进春天之人。

秋天是一个成熟的季节，无须重墨渲染，大自然把一切美好的色彩推向极致。红就要红得鲜艳，黄就要黄得灿烂，白就要白得耀眼，绿就要绿得碧翠。人的年龄就如同这一年四季，走过春夏秋冬，一天比一天成熟，一天比一天衰老。只可惜，四季可以轮回，而生命只有四季的光阴。如果你已经站在冬天的门槛，就不可能再遇上下一个春天。曾经，我们总想在春夏中沉醉不醒，人到一定年龄，才知道秋天最值得珍惜。秋天的沉淀，让我们能清晰地记住昨天，也可以很好地预知未来。

我们总试图延伸人生的四季，春天是充满幻想的年龄，越长越好。梦幻的季节最富有情趣，可惜，时光太短，来不及写下我们调皮的模样，已经一脚踏进了夏天。夏天代表着青春，所有的青春都与浮躁相关。正因为浮躁，正因为无知者无畏，让我们在夏天经受打磨，当有一天发现自己鼻青脸肿的时候，才知道自己已经渐渐成熟。来不及享受盛夏的果实，我们就走进了秋天。秋天总是那样让人着迷与回味，每一项决定都有思考的痕迹。婚姻如此，工作也如此。不会轻易承诺，只要承诺了，一定会一诺千金。冬天是我们最不忍走进的，然而冬天也有冬天的美丽，可以享受静谧，也可以享受自由惬意的休闲。在夕阳下看潮起潮落，续一段迟来的情缘，梅开二度，让时间停留在不老的冬天。

生命不会以人的选择而变化，该来的终归要来，谁也阻挡不了时间的脚步。秋冬，对于一个身体单薄的人来说，总显得格外的漫长与无奈。吕碧城再次远赴异国他乡，一晃秋天来临。秋天是一个万物都趋于宁静的季节，一树的翠绿转眼间变得枯黄，秋风扫落叶，带走了生机，留下满目正浓的秋意。此时，吕碧城正好旧疾复发，心情格外低落。在修养的屋子里，看着周围的景色一点点泛黄，就如同这泛黄的日子一样，引发她无限感慨，写下了一首《莺啼序》：

残雪尚依绣岛，散余辉茜绮。忍重照，如此人间，梦醒知是何世？早辞汉、铜仙泪尽，行云冉冉无归意。但凄迷、望里沧州，罨画横丽。

屈指浮生，窄隙迅羽，送华年逝水。检芳句、欲托微波，楚魂流怨无际。费灵均、缫秋小笔，恨难补、秋痕丛碎。任从他、旧圃繁霜，猎兰蘼蕙。

霓裳同咏，桂斧闲挥，广寒话影事。才几度、冷轮消失，又对菱镜，斗画愁蛾，倦妆重理。壶投玉女，窗开金母，源翻星海今真见。迸骊珠、隔座飞寒燧。宵深爇尽温犀，掩袂当筵，临歧不成回睇。

仙都绛蕊，客路青山，已乘风近矣。正极目、孤鸿天末，一往心期，紫霭浓蒸，入西佳气。寒乌绕树，哀蝉啼叶，飘零身世同我汝。纵相怜相守难为计，几回欲去仍迟。惨淡斜阳，自沉翠岩。

吕碧城的这首词写得委婉沉重，年华不再的她，“秋痕”难补。确实，但凡一个女子跨入了秋天的门槛，多数已经容颜不再，而且离冬天越来越近，心里会越发黯然神伤。在吕碧城的心中，她并不惧怕秋天的来临，只是这秋色秋景秋煞人，总能给人凭添一些惆怅。对于一个有许多心愿未了的人来说，只要是遇上伤感的事情，都会引发无限幻想。"歧路"不堪回首，人这一生，谁没有走过歧路，谁又是一直勇往直前。站在人生的十字路口，谁没有徘徊过？

秋天的最后一片叶子飘落，冬天就这样来临。吕碧城来到阿尔卑斯山，看着满眼的白色，她的心情有些失落。冬天已经被皑皑白雪覆盖，只希望春天快点来临，她的身体已经受不住寒冬的摧残。在冰冷的日子里，她只得用坐禅与填词打发着寂寞。当春天的脚步愈来愈近的时候，吕碧城开始着手酝酿已久的《观无量寿经释论》的翻译。为了诠释这部经书的涵义，她曾经走访过许多佛教圈内的友人。因为准备充分，所以翻译的时候，颇为得心应手。

然而乱世红尘，能有片刻的清静也是一种奢望。没过多久，第二次世界大战爆发，欧洲陷入了无期的战火之中，并且有愈演愈烈之势。不得已，吕碧城只好匆忙收拾行囊，取道美洲返回新加坡。战争无情，炮弹无眼，有多少无辜的人在这一场兵荒马乱里，徒丢性命。许多时候，我们不敢直面人生，只因为有太多不确定因素在侵袭着生活。吕碧城生活在这种乱世之中，要想有一番作为，除非随波逐流。然而这不是她的本性，一个有济世救民之心的人，怎么会曲意迎合他人。我想，在跟袁世凯的势力划清界限的时候，她就已经对这个世界彻底失望了。

人生不能像四季样循环始复，走完冬天，生命就已经走向尽头。很多时候，我们总以为自己是世上最不幸的人。但其实，有许多人自打出生起，没有春天，没有夏天，没有秋天，由临盆的那一刻就坠入冬天。落地就被人

遗弃，那是一种何等的残忍。然而，生命是坚韧的，它总能创造奇迹。只要给它一点绿意，在冬天里打一个滚后，它就会拥有春天。这是一种幸运，也是一种感恩。感谢那个未知的生命把你降临人间，感恩那个带你走进春天之人。

6. 授课梵众

年轻的时候，总以为老天赐予我们光阴，就是让我们长大，尽情地玩乐与享受。年长的时候，才知道，老天赐予我们光阴是让我们好好珍惜，珍惜这些来之不易的岁月。

生命是漫长的，又是匆忙的。既然知道了生命的珍贵，我们要更加善待生命里的每一天。很多时候，我们以为自己还年轻，在大好光阴里尽情挥霍时间，总以为明天离自己很遥远。但其实，生命有时短暂得让人措手不及，当疾病袭来的时候，我们来不及幻想明天，来不及给周围的人一声交代，一切就那样戛然而止。明天是什么？明天是来不及抒写的遗憾，明天是我们未了的心愿。在生命面前，人是最弱小的。山川草木都有枯木逢春的时候，可生命却只有一次，如果不好好珍惜，它将会彻底把你遗忘。

梦雨天华室坐落在东莲觉苑的一隅，吕碧城的到来，给东莲觉苑带来了生机。她每天到颂恩堂为梵众上课一小时，授课的内容是中国文学史。讲课应该是吕碧城最擅长也最喜欢的事情。以她在文学上的造诣，不用备课就可以娓娓道来。吕碧城讲课深受众僧的欢迎，座无虚席。不仅是那些僧人喜欢听她讲课，还有许多文人雅士也慕名而来。演讲稿经过她的不断积累，后来编辑成书，书名定为《文学史纲》。这种意想不到的收获，让吕碧城更感觉文字的重要。

年轻的时候，总以为老天赐予我们光阴，就是让我们长大，尽情地玩乐与享受。年长的时候，才知道，老天赐予我们光阴是让我们好好珍惜，珍惜这些来之不易的岁月。光阴随风而逝，稍不留神就会在指尖滑落。如果我们抓不住光阴，就不要轻易笑谈未来。一寸光阴一寸金，吕碧城是珍惜光阴之人。她拥有许多常人无法拥有的资本，譬如财富，譬如学识。但她从来不会浪费一分一秒的时间，无论是工作，还是旅游，她都能让自己充实，并有收获。她的一生是在不断积累、不断学习中前行。

不耻下问，是我们中华民族的优良传统。吕碧城这一生都在学习，幼年的时候，诵读史书；少年的时候，自己试着写诗；青年的时候，为理想而奋斗；中年的时候，硕果累累；刚迈入老年，因为译经之旅，她时常不忘向佛学渊博之士请教。1942 年夏天，吕碧城的又一著作——《观无量寿佛经释论》问世，而且是在沪、港两地同时出版。吕碧城那年已经六十高龄，我们可以想象这本书的问世，是她经过多少个不眠之夜换来的，多少次不耻下问成就的。年老的吕碧城，身体一天不如一天，而且身边还缺乏至亲来照应。偏就是她，在花甲之年，用超于常人的毅力，用自己的一颗慈惠之心，又给世人留下一笔宝贵的财富。

在吕碧城的人生里，没有四季。她的每一个季节都有收获，无论是青年、中年还是老年。她遏制了时间的脚步，把有限的生命延伸至极致。青年的时候，她成功地创办女学；中年的时候，除了做生意赚得大笔的财富，还写下了大量的诗词，相传于世。老年的时候，她仍旧在写诗词，仍旧在出版书籍，并且还多了译经之旅。她的人生仿佛凝固在青年阶段，身体虽然衰老了，但思想却总是那样的清新，一如昨天。

我们经常喟叹时间流逝得太快，稍纵即逝。其实这样的叹息是一种忧虑，

因为我们做得太少，所以能够流传于世的就会更少。生活中，我们需要一些参照物激励自己前行，当别人不能的时候，你却做到了，这就是超越。你超越了别人，也超越了时间。吕碧城知道自己时日不多，所以更加快了步伐，她要在有生之年里，创造出更多的奇迹，更多的辉煌。像迟暮中的那株树，唯有开出更璀璨的花朵，才能证明自己曾经丰盛过，被世人瞻仰过。

吕碧城在授课的时候，不仅讲解文学史，还讲经书。对梵众所提佛儒二教未来发展及修持中遇到的问题，她撰稿《佛儒不能平等说》《观音圣恩记》《梦境质疑》等书，专门作了回答。做一个有思想之人，这是吕碧城毕生的信念。在她的人生里，没有盲从与屈服。早年在津门的严复，以译赫胥黎的《天演论》而名扬天下。曾经，吕碧城拜在他门下，向他学习。严复那时正气势如虹，然而，他那样的大手笔却未能写出天下为公、世界大同的文章，不得不说是一种遗憾。这是吕碧城多年后的感悟，以严复“物竞天择”之说，他应该能超越民国时期的那些伟人。

时势造人，许多时候，理想不一样，所以文字表达的方式也不一样。吕碧城与严复的感情亦师亦友，还夹杂一些依恋。甚至有人说，那就是爱情。我想无论爱情与否，吕碧城是积极向上之人，所以她更希望身边的男人比旁人伟大。这想法有些自私，但谁又能否认这不是关爱？有时候，我对吕碧城终身未嫁耿耿于怀，她那么优秀，怎么能孤单一生呢？有时候，我又豁然开朗，高处不胜寒，一个人太优秀了，曲高和寡，当然不容易找到与之匹配的音律。爱情讲究匹配，但是，当一个人不需要爱情，只需要友爱的时候，我们还强求什么。所以无论吕碧城与严复是否相爱过，我们都要为他们祝福。五百次的回眸，才换来今生的相遇。两个优秀的人能彼此欣赏，是多么的不容易。

第十章

孤独谢幕

——人间往事都付云烟流水

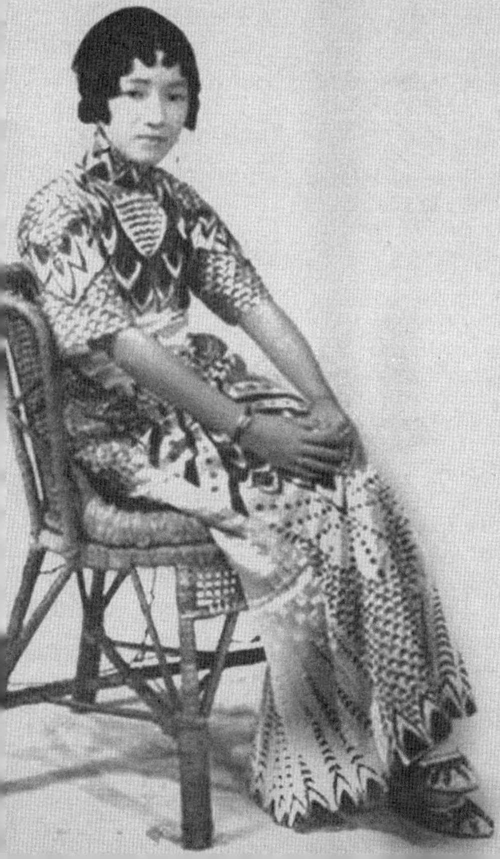

骨灰与花瓣合在一起，洒向大海，了无芳踪。吕碧城用六十一载的时光，让我们透过民国那道窗口，看到一位与众不同的女子。她是被时光之河湮没的一朵奇葩，她的一生写满了辉煌，她是民国的传奇，也是女人的骄傲。

1. 白莲盛开

每个女子都想做池塘里的那株白莲，如果今生不得圆满，唯有修道来世。生活在滚滚红尘里，我们难免被污浊，也难免被同流合污。做那株高雅清静的白莲，需要何等的造化与修为。

吕碧城曾经说过这样一段话——人生如朝露，为何自讨此苦。中国是一个没有宗教的社会，在精神世界里，超越生死、名利、贵贱，便是人的至高境界。生命中去寻求一种最适意的生活，并对它采取虔诚的态度，才能真正感受到生命的乐趣。人是大地上生长着的植物，时间总会来收割他们，参透了生死二字，你便可以获得生命的达观。确实，人生就像清晨的雾露，稍纵即逝。人这一生极为短暂，可到底有多少人能参透生死？

生与死都是自然规律，半点由不得人。我们不能因为出身人家贫寒，而赖在孕育者的身体里不肯面世。也不能因为舍弃不了红尘的那点温柔，而强留于世。老天爷既无情又有情，把我们安排到尘世间，尝尽人间冷暖，然后又轻轻地把我们带走，视修行而为，然后再安排下一次转世。可是，人真的有来世么？如果真有来世，我还是愿意做人。把今世未了的心愿留存于来世，把今世所欠的债务来生再还。看尽人间繁华，写尽人世沧桑。如果老天爷允许，我还愿意做池塘里的那株白莲，但是自知修行不够，不敢玷污了白莲的洁净。

每个女子都想做池塘里的那株白莲，如果今生不得圆满，唯有修道来世。生活在滚滚红尘里，我们难免被污浊，也难免被同流合污。做那株高雅清静的白莲，需要何等的造化与修为。但是，在这个污浊的世界里，有一个女子真正地做到了超凡脱俗，那个女子就是——吕碧城。她的一生写满了传奇，也写满了洁净与高雅。想起了《红楼梦》中的一句诗——质本洁来还洁去。这句话用到黛玉身上是幽怨，她没有嫁给她想嫁之人，只好伤心离去。而用到碧城身上是质朴，她像莲花一样洁净，然后慢慢盛开，就算根深水浅，那一缕清香也会悠远绵长。

每个人都无法选择自己的出生，但一定能安排好自己的后事。一个拖欠病债太久的人，很难经得起病魔来袭。冬天来临的时候，吕碧城因为偶感风寒而胃疾复发。跟病魔斗争了这么多年，吕碧城有一种预感，感觉在劫难逃。林楞真觉苑多次劝她住院，被她拒绝。林楞真劝她服药，也遭到拒绝。冥冥之中，人对生命是有感悟的，如果真的时日不多，何必苦苦强留。死亡如果真的是一场远行，那就必须做好远游的准备。

因为出生的时候过于匆忙，所以走的时候，一定要交代清楚。吕碧城把归去的日子定在 11 月 17 日，因为这是佛陀诞生的日子。可能感觉有些事情还未交代清楚，后又告诉友人，因有事情未了，所以暂缓归去。很多时候，我们总说不能掌握未来，唯有抓住今天。而一个人的修为到一定程度的时候，她不仅可以抓住未来，还可以掌握生死。吕碧城未了的心事与书籍有关，她请人复印《观音灵签》《劝发菩提心文》《山中白雪词选》合集，完工之后，她亲自操劳，分寄给各地同道之人。

很多时候，人们写书是为了生存，或沽名钓誉。吕碧城这一生不缺乏金钱，而且财产丰厚。名誉对于她来说，早已经是夕阳漫天。一个即将日落西山之人，何至于如此执著，因为她想把佛教的精神发扬光大。如果碧城泉下有知，她可以含笑九泉，她的愿望达到了。佛教后来的发展，与她的努力有关，还与更多的志同道合者相关。有关佛教的书籍，虽然读之甚少，但我记得你大气磅礴的诗词，更记得你风华绝代的容颜。一切是那样清晰，你是时代的启蒙者,也是时代的终结者。你是民国最先提倡女权运动的女子，也是中国近三百年来最后一位女词人。1943年1月4日，吕碧城很早就起床了，伏案挥笔，把《梦中所得诗》一首，写于纸上：

护首探花亦可哀，平生功绩忍重埋。

匆匆说法谈经后，我到人间只此回。

诗词写得淡定而豁达，那颗心无任何欲念，无任何烦扰。一切都准备好了，只等告别今世启程。这首诗词成了吕碧城生命里最后的绝唱，也是她向这个世界做的最后告别。“匆匆说法谈经后，我到人间只此回”。一个“只”道出了多少感叹，说得轻盈，但有千钧之力。二十多天后，吕碧城像往常一样收拾佛堂，擦拭家具。仿佛知道自己时日不多，仿佛知道自己在乱世浮沉得太久，她不想连累更多的人，所以凡事亲力亲为。她要走了，她只想留下自己的思想，而不愿意房间里有一丝尘埃。把一切收拾停当之后，她一如既往念佛，八时，她在诵经中圆寂，安然西去。

那个风华绝代的女子就这样走了，走得安详，也走得宁静。她没有惊动任何人，就在自己的房间，化作一缕青烟升天了。她像一阵风，来时轻盈，去时了无牵绊。有人说，她就是白莲的化身，素净安然。在浑浊世界里挣扎一世，却不愿意留一丝负累给别人。她的心如莲花样洁白，灵魂如莲花样空灵。她的离去，给了世人一个清白的记忆。她这一生，没有与任何人同流合污，也没有随波逐流。她就是那朵洁净的白莲，开在红尘里烟火最深处，任世事变迁，却不被人玷污。

有人说，吕碧城是被时光之河湮没的一朵奇葩，亦是一个不老的传奇。

是的，她的一生写满了辉煌，无论是真实的生活，还是精神上的追求，她都以傲然的姿势行走，然后把生活里的每一个片段，抒写得满满。她走了，但她的思想永垂不朽。她是时代的传奇，也是女人的传奇。她的一生都在为女权而斗争，虽然在生前没有实现愿望，但她用坎坷的一生证明了一个真理——男人能做到的事情，女人照样能做到。

每个人都希望自己生如夏花般灿烂，死如秋叶般静美。吕碧城做到了，她这一生经历颇为曲折，有惆怅，也有喜悦；有颓废，也有收获。与世俗作斗争，与病魔作斗争。生命里没有赢者，走得洒脱就是胜利。她的离去，虽然没有得到独裁者的重视，却唤醒了一代民众。她用言行，用思想，用笔墨，交了一份天下最完美的答卷。在那个寒冬的早晨，她走了，像倦鸟归巢样，去寻找她栖息的处所。

2. 洁净如莲

做一个高雅如莲的女子，应该是几世修为所得。红尘你我，只配在世俗中感受岁月薄凉。那一缕羁绊，像剪不断的青烟，总会袅袅升起。在寂寞中前行，心里始终放不下曾经的温柔。

吕碧城这一生是真实的，也是纠结的。一个人如果太具思想，你让她假装糊涂，那是一种自欺欺人的行为。吕碧城是那个时代的清醒着，所以受到了不公平的待遇。木秀于林，风必摧之。狼与狈做朋友，哪能允许有人冷眼旁观。吕碧城就是那个旁观者，她早看清那个掌权者的无能，军阀混战，民不聊生。年轻时候的吕碧城不惧生死，敢于直言。中年后她心灰意冷，性格渐渐变得温和孤立，但以文字寄情怀，仍旧是她的个性。

1943年1月24日，吕碧城终于放下所有，悄悄地离开了这个让她爱之恨之的世界。吕碧城年轻的时候，做生意曾经赚得大笔的资产。遗嘱中，将自己在美国纽约、旧金山以及上海麦加利银行的存款共二十余万港元悉数提取，在太虚大师指导下，用于弘扬佛法护生之事。生命是一种传承，吕碧城钟情于佛门，她希望有人将她未完成的心愿传承下去。人生就是这样，好的遗愿一代一代地相传于世，碧城心愿已了，她可以安心地离开。

翌日清晨，一只小船在香港九龙湾浅水湾缓缓游弋，船上的人白衣素缟，诵经念佛。林楞真与两名僧尼，把骨灰合丸与鲜花拌在一起，轻轻地撒于碧蓝的海水之中。她们是遵循吕碧城的遗嘱——遗体火化，把骨灰和面粉为小丸，抛入海中，供鱼吞食。一代才女就这样香消玉殒，临走之前，不仅带走了灵魂，还带走了遗体。吕碧城是那样的洁净，放在哪里都怕遭受玷污。黛玉葬花，是怕花瓣流入污浊之沟，遭受晦气。人在死后，连遗体都带走，这是怎样一种决然中的超然。

吕碧城走了，带走她如花的容颜，也带走她轻盈空灵的魂魄。她以为这样可以带走一切，化作一缕青烟，消失在红尘的尽头。但是，善良的人们怎么可以忘记她曾经的贡献。她的如花容貌已经深入人心，她的思想、她的灵魂感召着一代人，甚至几代人。她的一切是那样晶莹剔透，人们可以轻易忘记民国的一些陈年旧事，一定不会忘记风华绝代的吕碧城。生前，吕碧城就思想前卫，对不入眼之流，敢口诛笔伐。死后，她将遗体带走，再次证明她的果断。与其把遗体留在世上供人瞻仰与践踏，还不如化身为泥，汇入河流，与宽阔的海洋为伴。吕碧城就是碧海蓝天上的一道彩云，她的思想如蓝天样清高，灵魂如海洋样奔放。

她走了，带走了一世的清白，一世的洁净。像荷塘里的那朵白莲，驾祥云而去。化身为雨，变作一脉脉温情俯瞰人间。吕碧城离世的消息很快传到上海，《觉有情》杂志的陈无我、陈无量居士在第一时间组织纪念专号，吕碧城生前好友的稿件如雪片飞来，向这位护生居士致哀。老友蒋维乔、龙榆生、廉达因、汤国梨等，写来了挽联。还有一位持松法师，自视甚高，吕碧城曾送他一本《观经释论》，而他竟不知吕碧城为何许人士。有天随手翻阅的时候，看完后大惊失色。

龙榆生晚年于书斋

吕碧城是参透生死之人，她并没有苟且于世的念头。在死前，她禁止看病，也禁止服药，而且把身后诸事都交代得清楚仔细，她像一个要出远门的人，把家里安排妥当，走后了无牵挂。可谁知道，她走得轻盈，走得寂静，但却给一众友人带来巨大的痛苦。因为《觉有情》杂志的大力报道，人们才知道佛学界有这样一位才女。生前，人们只知道诗词界有一位才华容貌俱佳的女子。死后，人们知道了，佛学界也有一位洁净如莲的女子。

是的，吕碧城这一生洁净如莲花，纤尘不染，她从来没与男人苟且过，她一世清白。她的故事委婉动人，也令人回味。被许多男人热爱过，她也曾经怦然心动，但最后还是保持住了蕙质兰心的本质。她是英敛之最赏识的女子，是袁克文最为青睐的女子，是严复最为牵挂的女子，是费树蔚守候一生的女子，是陈撄宁最为敬重的女子。就是这样一位平常女子，因为才华，被男人赏识；因为容貌，让男人过目不忘。

许多时候，我们喜欢一个人，却由于某些原因，我们不可能相爱，但我们可以欣赏，可以成为朋友。不能相爱，欣赏也是一种缘分。爱吕碧城的男人很多，欣赏她的人更多。像吕碧城这种清高如白莲的女子，只可远观，而不可近玩焉。并不是男人不敢靠近，而是女子太洁净。有时候，一朵花过于高洁，站在远处欣赏，比握在手中把玩，更值得惊叹。吕碧城就是那朵花，被男人欣赏过，也爱过，但就是没被沾染过。

做一个高雅如莲的女子，应该是几世修为所得。红尘你我，只配在世俗中感受岁月薄凉。那一缕羁绊，像剪不断的青烟，总会袅袅升起。在寂寞中前行，心里始终放不下曾经的温柔。期盼生死轮回，来世做一个无欲无求的女子，在文字中修行，像碧城一样高洁清雅，可终归有前世未了的尘缘，今世必须还清。也许，每一个女人都能享受寂寞，然而，并不是每一个女子都能独守清规。

前尘如梦，如果没有斐然的才华，只好加倍努力让自己在世俗中沉淀。生活的本质是落地生根，我们一直站在地面，可根在何方？寻觅有时就是一段造化，心如莲花般淳朴，而身如湖水般波光灵动，始终不能做到身心如一。一直想在宁静中寻找自我，而凡尘世事，有时不得不让人优柔寡断。真希望自己就是水中的那朵莲花，根深埋在淤泥之中，抬头仰望蓝天白云。即便有满腹心事，也可以在绿色中隐藏，独享一季的清高与恬淡。

3. 无愧今生

她的穿着有时是旗袍，有时是雍容华贵的孔雀服，又或者是高贵典雅的西装。她由民国款款走来，又行走于西方的山水间。无论她的哪种装扮，无论她走到哪里，都让人着迷与敬仰。她是女人的骄傲，男人的念想。

水至清则无鱼，人至察则无友。一个人过于清白，一定会缺少生活的乐趣。生于红尘之中，不因为浊浪滔天，而受其感染，还能保持那一世的清白，是一种极致。凡事都有相对面，一个人过于追求极致，往往会变成生活的负累。朋友是红尘的依伴，在不经意的那一刻，你会突然想起他，喜怒哀乐都想与之分享。友谊之情，也许只能陪你一程，也可能会伴你一生。无论是长久还是短暂，我们都要感激这种情谊，因为有了他们，才让人生显得无比生动。

吕碧城这一生从来都不缺少朋友，海内存知己，天涯若比邻，无论走到哪里，都可以认识结交一些志同道合的友人。爱情，是吕碧城这一生颇为遗憾的事情，她爱过，只是没有走到终点。都说水至清则无鱼，吕碧城这一生是清白的。她虽然被许多男子爱慕过，但她又是清白的，没有被任何人玷污，也没有因任何人而改变。也许她曾经想改变自己，只是没有找到让她想改变之人。人至察则无友，虽然吕碧城的某些观念很苛刻，但她朋友却很多。被许多男子爱慕过，虽然他们的爱情没有善始善终，但友谊之情却天长地久。

有人说，吕碧城这一生锋芒太露，所以活得很累。但其实，人在年轻的时候，谁没有血气方刚之时。更何况，她是那样的风华绝代，那样的折服人心。她的每一个举动，代表的不是自己，而是一个时代。一个洞察人生之人，不敢对时事发表看法，那无异于苟且偷生。中年的吕碧城就比年轻时候温和很多，多了一些思考，多了一些理性，也多了一些失落。她的温和应该与时代相关，一个人失望太多的时候，肯定会减少一些期待，改变不了别人，唯有改变自己。

有人说，吕碧城活得太清醒，所以孤独一生，郁郁终生。是的，她应该被清醒拖累过。英敛之爱过她，两人因为误会而分手。严复欣赏过她，但他终归不是她的真命天子。袁克文追求过她，而他又不是她所欣赏的男子。费树蔚对她一往情深，但终究错过了花开的季节。陈撄宁曾经与她心意相通，可谁能断定那就是爱情。吕碧城知道自己喜欢什么样的男人，那个男人就藏在她的梦中。是哥伦比亚大学跳舞时认识的矿工？还是徒然在雪地中惊鸿一瞥，却来不及表达爱意的年轻人？

有人说，吕碧城这一生都在寻找爱情。我以为，她这一生最钟爱的当属文字，爱情只是她生活的衍生品。她在文字中诞生，也在文字中萌芽，然后在文字中升华，再在文字中沉寂。她写过许多的诗词，被后人称之为中国近三百年来最后一位女词人，与李清照齐名。民国时期才女很多，张爱玲、萧红、石评梅，皆为才女，而她却排在四大才女之首。我想，如果吕碧城泉下有知，她一定无悔于自己的一生。世人给予她的赞誉，正是她呕心沥血的追求。

文字，是吕碧城这一生最大的收获。虽然她独守一生，但她从来没有孤寂过，文字是她最好的伴侣，相伴一生，直至终老。看着那一卷一卷的书籍，吕碧城这一生满足了。在翻阅资料的时候，我仿佛看见一位满脸慈祥的女子，正与自己对视。她是那样的温和，又是那样的谦逊。她仿佛在说，你不用幻想她的模样，只要能读懂她的文字就够了。确实，由她的文字，我可以幻想出一个风姿绰约缠绵悱恻的女子。她的穿着有时是旗袍，有时是雍容华贵的孔雀服，又或者是高贵典雅的西装。她由民国款款走来，又行走于西方的山水间。无论她的哪种装扮，无论她走到哪里，都让人着迷与敬仰。她是女人的骄傲，男人的念想。

合上书本，我浮想联篇——如果民国是和谐社会，或者她出生在相对安稳的今天，会是一种什么情形。我想如果吕碧城愿意，她至少是一位豁达知性的外交家，又或许是一代文学大师，还或许是一位富甲天下的大商人。以吕碧城的才华，她可以胜任比这些级别更高级的职务，只是我一时还没想到。总之，吕碧城的形象是那样的高大，无论她锋芒毕露，还是性情优柔，她都会凭借自己的才华，然后按着自己的意愿去生活一世。

吕碧城的一生是颇有争议的，关键是她没有找到能与之匹配的伴侣，成为人们津津乐道的话题。嫁人也许是女人必经的过程，而吕碧城被那么多的男人仰慕过、追求过，就算没有婚嫁过，她也享受了爱的甜蜜。民国才女张爱玲，嫁给了才子胡兰成，爱了一生，也恨了一生。胡兰成的一句——我在丛中笑，代表了多少男人的心声。我以为，爱，只要体验过，心跳过，认真过，就算没有经过婚姻之门，那又何妨？都说有情人终成眷属，可谁知道眷属背后的辛酸，是多少的委曲求全。

有人说，吕碧城这一生就像一曲戏。演尽了世态炎凉，也演尽了雍容华贵。幼小之时，集家人万千宠爱于一身；少年时，却受尽屈辱，遭汪姓男子家人退婚，还遭遇家变；年轻时，因为才华毕露，举国瞩目受人尊重；而立之年，因为做生意赚得大笔财富，寄情于文字抒写人生；不惑之年，虽有迷离，但终归是劫后余生；知天命年，皈依佛门，心有所依。我以为，一个女子能有吕碧城这样的收获，已经足够了。她无愧于今生，也无愧于来世。

人来到世上，都祈求充实圆满。有些人看上去如闲云野鹤般悠闲，碌碌无为。也许某一天经过长久的沉寂，厚积薄发一鸣惊人。而有些人看上去匆匆忙忙，一生没有大的建树，但在奔波中也能获得自我满足。圆满是理想者的追求，充实是时间的脚步。生活里，总有许多的不圆满之处，但一定不能浪费时间，努力让自己充实也是一种追求。生活充实了，心也就安定了。人这一生，只要无愧于时间，就是对生命最好的交代。

4. 挥手作别

她着一身旗袍，发髻斜挽，在斑驳的阳光下款款向我们走来。如水一般流动的绸缎，穿过黄昏的时空，冷香端倪。她伫立于津门女子学堂，又似乎静坐在上海静安寺的老屋。她向我们缓缓挥手告别，一切都尘归尘，土归土。

走了，那个清淡如莲的女子就这样走了。她像天上云，轻轻地来，轻轻地走。如果有人还想回忆她的前尘往事，那一片白云化雨就是她前世的诉说。走了，那个性情高雅的女子就这样走了，来时匆匆，去时匆匆。如果人们想寻找她今世的足迹，那么请你铺开书签，在字里行间寻找。走了，那个不愿意遗体被玷污的女子就这样走了。如果你想找寻她的墓碑，祭奠她的亡魂，那么你可以去山川河流中寻找，她的灵魂在山谷中回荡。

回望吕碧城的一生，青年的时候，锋芒毕露，为女权而斗争。中年的时候混迹于欧美，大倡戒杀护生的观念，颠覆欧美传统的思想，知难而进，其勇气诚应嘉许。老年，皈依佛门，成为佛学界才华横溢的居士。然而，她对社会最有贡献的当属诗词与文章。她用文字记录了民国故事，也用文字推动社会前进。虽然一生颇为坎坷，但终归声名在外。不论在国内，还是国外，她总能赢得众人的热爱与尊重，是大家心目中的偶像。

吕碧城这一生的著作颇为丰富，《信芳集》《晓珠词》《吕碧城集》《美利坚建国史纲》《欧美之光》等，除却佛家书籍外，其中还有许多书籍再版。吕碧城虽然走了，但她这一生硕果累累，像山巅上的白云，悄悄划过，留下一道洁白的掠影，让世人瞻仰与幻想。那到底是怎样的一位女子，容貌俱佳，才华斐然，她一生不依附任何男人，独行天下，给后人留下无限遐想。

在武汉大学时期的苏雪林

翻阅吕碧城资料的时候，曾经翻找出她的一帧玉照。头上斜插着几支羽毛，身穿绣孔雀翎，披黑色衫肩。脸上有些许的微笑，姿态却很傲然。由这帧照片我们可以看出，吕碧城的气质是何等的超凡脱俗。此照片苏雪林珍藏多年，直至抗战爆发，避难入蜀才遗失。一般时候，女子之间的敬仰，就算心里佩服得五体投地，而表明上一定会不动声色。苏雪林女士把吕碧城像珍藏起来，那应该是发自肺腑的尊重与膜拜。

我想每一个女子都想成为像吕碧城一样的女子，只是自身的修为不够，所以不敢痴心妄想。由政界退出后，吕碧城投身商界，从事外贸生意，凭借自身独特的女性魅力、过人的才干胆识，再加上在政坛和上流社会所累积的丰富人脉，迅速在号称“冒险家乐园”的十里洋场崭露头角，仅两三年间，就积聚起可观的财富。许多人认为，经商是男人的特权。吕碧城再次用她的行动证明，男人能做到的女人同样能做到。

曾经，吕碧城旅居欧美一些国家，因为常年居住在豪华宾馆里，气质高贵，出手阔绰，一些西方国家的人，以为她是东方公主。吕碧城还会跳舞，中外兼通。华尔兹旋律优美，而且轻快。吕碧城身处舞池跳得如痴如醉，总能赢来阵阵掌声。然而，就是这个才华斐然、舞姿优雅的女子，虽在人前写满欢笑，人后却有不为人知的落寞。她是男人心目中的女神，却始终没有找准人生的方向。

有时候，我们总以为人只有在大起大落之后，才会明白许多事情。而吕碧城的一生，除却少年之时有一段痛苦的经历——遭遇家变，又遭遇婚变。其余时间里，她都生活在富贵之乡。她的一生受尽磨砺，也享尽了荣华富贵。但终归理想没有实现，仍旧让人愁怀伤感。由袁世凯身边出走后，她就看破了政府的腐败无能，除了关起门来一争雌雄，就是制造事端勾心斗角。身处富贵而能勘破繁华，这是怎样一种境界。所以有人说，吕碧城潜心学佛，是必然之路。

青年时代的碧城一直是处在风口浪尖的人物，她的思想、她的观念、她的言行、她的穿着，总能引发一些感慨。一个人要想超越平凡，就必须有不同于常人的思想。吕碧城曾经大胆向慈禧谏言，废弃科举制度。除却文采之外，这应该是她最大胆的超越。秋瑾是那个时代的激进分子，最后惨死于非命，而吕碧城冒着杀头的危险，偷偷安葬了这位志同道合的挚友。所有人都认为她在劫难逃，然而，袁克文因才识人，救了她一命，让她安然保全性命。

在吕碧城的一生中，除了信念执著，她似乎没有做过错事。就像那朵开在荷塘里的白莲，傲兀地仰望着天空，按着自己的思想前行，不受任何人摆布。她的一生与明月作伴，与清水为邻。有人说，如果不是那个时代，吕碧城的人生应该是另外一番景象。人生没有太多的假设，但我们却能断定，如果没有那场黑暗，吕碧城肯定不会就这样抱憾终身。至少，她可以实践她的人生理想，通过自己不断的摸索，给人生画上圆满的句号。

那个如月如水的女子走了，有人说，她走得太过匆忙，瞬间在眼前消失，我们来不及缅怀，来不及哀悼，甚至无法找到她的墓碑。如果你真的要寻找，那就去她所写的文字中阅读，那里有她的灵魂在依附；如果你真的要寻找，就去碧海蓝天看看，那里有空旷的精灵在呼唤。那个民国绝代芳华的女子并没有走远，她行走于山水之间，把骨灰合丸撒向大海里，留给我们最极目远眺的倩影。

吕碧城这一生是圆满的，她用六十一载的时光，让我们透过民国那道窗口，看到了一位与众不同的女子。在山川河流中，在碧海蓝天下，我们依稀可以看见那个独特行走的女子。她着一身旗袍，发髻斜挽，在斑驳的阳光下款款向我们走来。如水一般流动的绸缎，穿过黄昏的时空，冷香端倪。

她伫立于津门女子学堂，又似乎静坐在上海静安寺的老屋。她向我们缓缓挥手告别，一切都尘归尘，土归土。她走了，不带走一粒尘埃，唯有不老的文字将永垂不朽！